direito individual e segurança
do trabalho para vigilantes

EDITORA intersaberes

O selo DIALÓGICA da Editora InterSaberes faz referência às publicações que privilegiam uma linguagem na qual o autor dialoga com o leitor por meio de recursos textuais e visuais, o que torna o conteúdo muito mais dinâmico. São livros que criam um ambiente de interação com o leitor – seu universo cultural, social e de elaboração de conhecimentos –, possibilitando um real processo de interlocução para que a comunicação se efetive.

direito individual e segurança do trabalho para vigilantes

Jonas Raul Balbinoti
Milena Zwicker
Robert Carlon de Carvalho

EDITORA intersaberes

Rua Clara Vendramin, 58 . Mossunguê
CEP 81200-170 . Curitiba . PR . Brasil
Fone: (41) 2106-4170
www.intersaberes.com
editora@editoraintersaberes.com.br

■ Conselho editorial
Dr. Ivo José Both (presidente)
Dr.ª Elena Godoy
Dr. Nelson Luís Dias
Dr. Neri dos Santos
Dr. Ulf Gregor Baranow

■ Editora-chefe
Lindsay Azambuja

■ Supervisora editorial
Ariadne Nunes Wenger

■ Analista editorial
Ariel Martins

■ Projeto gráfico
Raphael Bernadelli

■ Capa
Design: Alexandre Correa
Imagens: Comstock Wang An Qi e
Africa Studio/Shutterstock

■ Diagramação
Tadiane Arabele de Oliveira

■ Iconografia
Regina Claudia Cruz Prestes

Dados Internacionais de Catalogação na Publicação (CIP)
(Câmara Brasileira do Livro, SP, Brasil)

Balbinoti, Jonas Raul
Direito individual e segurança do trabalho para vigilantes/Jonas Raul Balbinoti, Milena Zwicker, Robert Carlon de Carvalho. Curitiba: InterSaberes, 2017.

Bibliografia.
ISBN 978-85-5972-280-2

1. Contrato de trabalho 2. Direito do trabalho 3. Guardas de vigilância 4. Medicina do trabalho 5. Relações trabalhistas 6. Segurança do trabalho 7. Segurança privada I. Zwicker, Milena. II. Carvalho, Robert Carlon de. III. Título.

16-09271   CDU-34:331

Índices para catálogo sistemático:
1. Direito e engenharia de segurança: Direito individual do trabalho   34:331

1ª edição, 2017.

Foi feito o depósito legal.
Informamos que é de inteira responsabilidade dos autores a emissão de conceitos.

Nenhuma parte desta publicação poderá ser reproduzida por qualquer meio ou forma sem a prévia autorização da Editora InterSaberes.

A violação dos direitos autorais é crime estabelecido na Lei n. 9.610/1998 e punido pelo art. 184 do Código Penal.

apresentação 11

como aproveitar ao máximo este livro 19

Capítulo 1 **Direito individual do trabalho: relação de trabalho e relação de emprego - 23**

1.1 Relação de trabalho e relação de emprego: diferenciação - 24

1.2 Terceirização e requisitos caracterizadores da relação de emprego - 26

Capítulo 2 **Contrato individual de trabalho: empregado e empregador - 35**

2.1 Conceito de contrato individual de trabalho - 36

sumário

2.2 Sujeitos do contrato de trabalho - 38
2.3 Elementos essenciais à validação do contrato de trabalho - 39

Capítulo 3 **Contrato individual de trabalho por prazo determinado e por prazo indeterminado - 47**

3.1 Diferenciação - 48
3.2 Contrato de experiência - 49
3.3 Contrato de trabalho temporário - 50

Capítulo 4 **Direito individual do trabalho: remuneração e salário - 59**

4.1 Salário - 60
4.2 Salário *in natura* (salário indireto) - 61
4.3 Adicional de periculosidade - 63
4.4 Adicional de insalubridade - 65
4.5 Descontos no salário - 66

Capítulo 5 **Proteção ao trabalho da mulher e dos portadores de deficiência - 77**

5.1 Peculiaridades do trabalho da mulher - 78
5.2 Direito do Trabalho e inclusão dos portadores de deficiência - 82

Capítulo 6 **Duração do trabalho e jornada de trabalho - 89**

6.1 Limites das jornadas diária e semanal de trabalho - 91
6.2 Variações de horários - 95
6.3 Formas de prorrogação de jornada - 96
6.4 Empregados excluídos do controle de jornada - 102
6.5 Períodos de descanso - 103
6.6 Horas *in itinere* - 108
6.7 Sobreaviso, prontidão e uso de *smartphone* - 110
6.8 Trabalho noturno - 111

Capítulo 7 **Aviso prévio e extinção do contrato de trabalho - 119**

7.1 Aviso prévio - 120
7.2 Homologação das verbas trabalhistas - 123

Capítulo 8 **Estabilidade provisória - 129**

8.1 Trabalhadores com estabilidade provisória - 130
8.2 Reintegração e readmissão - 133

Capítulo 9 **Serviço Especializado em Engenharia de Segurança e Medicina do Trabalho (Sesmt) e Comissão Interna de Prevenção de Acidentes (Cipa) - 139**

9.1 Sesmt: definição - 141
9.2 Cipa - 143

Capítulo 10 **Medicina do trabalho e ergonomia - 161**

10.1 Medicina do trabalho - 162
10.2 Ergonomia - 166

Capítulo 11 **Equipamento de proteção individual (EPI), insalubridade e periculosidade - 179**

11.1 Equipamentos de proteção individual (EPI) - 180
11.2 Atividades Insalubres - 183
11.3 Atividades perigosas - 188

para concluir... 199

referências 203

anexo 209

respostas 211

sobre os autores 217

Este trabalho, sem jactância ou soberba despropositadas, representa uma vida de ensino e investigação dedicada às coisas do Direito e da Engenharia de Segurança do Trabalho. Ele constitui uma gota de água – um pequeníssimo riacho, quando muito – que tem o intuito de alimentar o curso ininterrupto da ciência jurídica e contribuir com aquele "pequeno grão de verdadeiro Direito" de que falava Rui Barbosa (1849-1923).

Dito isso, resta-nos confessar que todas as razões, por boas que possam ser, não teriam sido suficientes para a concretização deste estudo, se não fosse a confiança e o apoio que nos foram depositados por amigos, clientes e familiares.

Todos fazem parte desta conquista, e por isso agradecemos com muito carinho.

Em especial, agradecemos à professora Vanessa de Souza Fontana, pelo convite e pela confiança depositada ao nos solicitar a elaboração da presente obra.

Caro leitor – ou melhor, caro futuro empregado da segurança privada –, seja bem-vindo a esta obra sobre Direito Individual e Segurança do Trabalho. Neste estudo, trataremos de assuntos de extrema relevância para o seu dia a dia no ambiente laboral.

Nesta obra temos o objetivo de divulgar informações sobre os direitos, os deveres e as responsabilidades trabalhistas e de segurança ocupacional dos vigilantes, dos empregadores dos vigilantes e dos contratantes dos serviços de vigilância.

Antes de iniciarmos nossa abordagem, esclarecemos que as atividades de segurança privada, no Brasil, são reguladas e fiscalizadas pela Polícia Federal, e são regidas em especial pela Lei n. 7.102/1983 (Brasil, 1983b), pelo Decreto n. 89.056/1983 (Brasil, 1983a) e pela Portaria DPF n. 387/2006 (Brasil, 2006).

Quando nos referimos à **segurança ocupacional** – ou seja, da que diz respeito à saúde e à segurança dos vigilantes no exercício de suas funções – e à salvaguarda dos **direitos trabalhistas**, suas atividades são reguladas e fiscalizadas pelo Ministério do Trabalho.

Assim, para exercer a atividade de vigilante, de início, é fundamental saber que essa atividade deve ser desenvolvida, exclusivamente, por pessoa (física ou jurídica) devidamente habilitada em conformidade com as normas e orientações da Polícia Federal.

apresentação

Quanto às pessoas jurídicas, podem buscar habilitação na Polícia Federal empresas especializadas e orgânicas. Segundo o art. 2º da Portaria DPF n. 387/2006 (Brasil, 2006), as **empresas especializadas** são aquelas que prestam serviços de segurança privada nos segmentos de vigilância patrimonial, segurança pessoal, escolta armada e cursos de formação. Já as **empresas de serviços orgânicos** são aquelas que, apesar de não serem especializadas e prestadoras de serviço de segurança privada, têm autorização para manter um setor próprio de vigilância ou de transporte de valores. Por isso, antes de iniciar seus trabalhos, para a sua segurança é importante que o empregado verifique se o seu empregador está devidamente habilitado no Departamento de Polícia Federal (DPF).

Reafirmamos que as atividades dos empregados da segurança privada estão regulamentadas na Portaria n. 387/2006 da Polícia Federal (Brasil, 2006) e são consideradas **atividades complementares à segurança pública.**

Aqui, são pertinentes os seguintes questionamentos: Quem pode ser empregado da segurança privada? Quais são as atividades relacionadas à segurança privada e que requerem autorização prévia da Polícia Federal para ser exercidas? A seguir, responderemos a essas e a outras perguntas.

Nos termos das normas que regulamentam a atividade, os empregados da segurança privada são os profissionais capacitados pelos cursos de formação, empregados de empresas especializadas ou de empresas que têm serviço próprio de vigilância – serviço orgânico – e que estejam regularmente registradas e autorizadas pela Polícia Federal para realizar os serviços de segurança privada.

As atividades de segurança privada que requerem autorização prévia da Polícia Federal são as seguintes: vigilância patrimonial; transporte de valores; segurança pessoal; escolta armada; e cursos de formação (Brasil, 2006).

No art. 1º, parágrafo 3º, da Portaria DPF n. 387/2006, estão expressos os conceitos de cada uma dessas atividades. Eis o que estabelecem os incisos do parágrafo 3º:

    I. **vigilância patrimonial** – *exercida dentro dos limites dos estabelecimentos, urbanos ou rurais, públicos ou privados, com a finalidade de garantir a incolumidade física das pessoas e a integridade do patrimônio no local, ou nos eventos sociais (Texto alterado pela Portaria nº 515/2007 DG/DPF);*

    II. **transporte de valores** – *consiste no transporte de numerário, bens ou valores, mediante a utilização de veículos, comuns ou especiais;*

    III. **escolta armada** – *visa a garantir o transporte de qualquer tipo de carga ou de valores;*

    IV. **segurança pessoal** – *exercida com a finalidade de garantir a incolumidade física de pessoas; e*

    V. **curso de formação** – *tem por finalidade formar, especializar e reciclar os vigilantes.* (Brasil, 2006, grifo nosso)

    Portanto, podemos concluir que as empresas e as pessoas que exercem as atividades relacionadas devem obrigatoriamente dispor de autorização prévia da Polícia Federal. Sendo assim, reiteramos que quando um profissional inicia suas atividades como vigilante em qualquer uma dessas atividades, ele deve conferir se o seu contratante também está habilitado e licenciado para desempenhar tais atividades. Lembre-se de que a eficiência na fiscalização e a boa segurança somente podem ser alcançadas com esforços conjuntos entre o Estado, nesse caso representado pela Polícia Federal, e os cidadãos em geral.

    Continuando, há ainda algumas perguntas a que devemos responder: Quais são os direitos e as obrigações dos empregados da segurança privada?

A Figura 1 sintetiza os **deveres** dos vigilantes, conforme o art. 118 da Portaria n. 387/2006 (Brasil, 2006).

Figura 1 – Deveres dos vigilantes

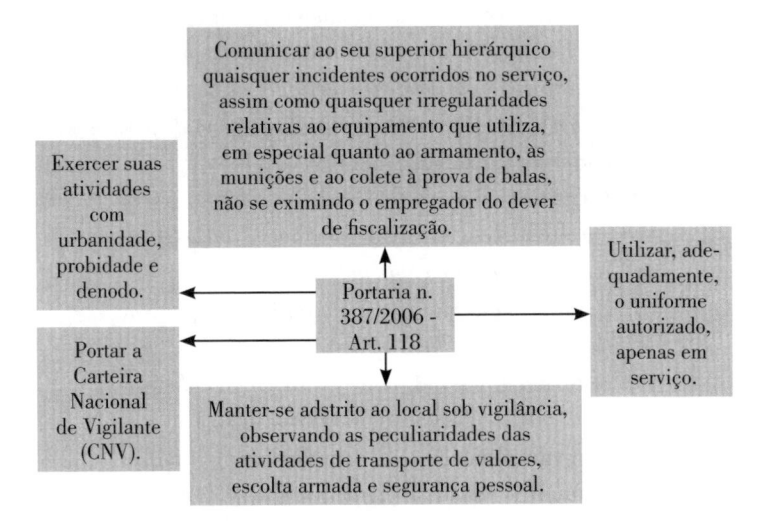

- Exercer suas atividades com urbanidade, probidade e denodo.
- Portar a Carteira Nacional de Vigilante (CNV).
- Comunicar ao seu superior hierárquico quaisquer incidentes ocorridos no serviço, assim como quaisquer irregularidades relativas ao equipamento que utiliza, em especial quanto ao armamento, às munições e ao colete à prova de balas, não se eximindo o empregador do dever de fiscalização.
- Manter-se adstrito ao local sob vigilância, observando as peculiaridades das atividades de transporte de valores, escolta armada e segurança pessoal.
- Utilizar, adequadamente, o uniforme autorizado, apenas em serviço.

(Portaria n. 387/2006 - Art. 118)

Esquematizamos na Figura 2 os **direitos** dos vigilantes segundo o estabelecido no art. 117 da Portaria n. 387/2006.

Figura 2 – Direitos dos vigilantes

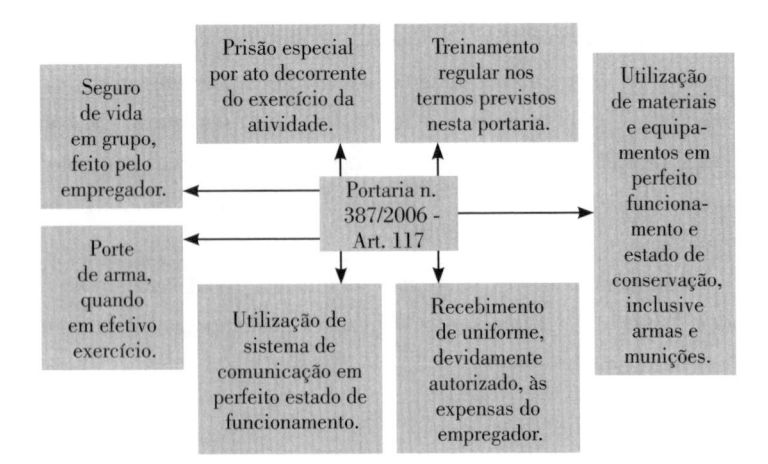

- Seguro de vida em grupo, feito pelo empregador.
- Porte de arma, quando em efetivo exercício.
- Prisão especial por ato decorrente do exercício da atividade.
- Utilização de sistema de comunicação em perfeito estado de funcionamento.
- Treinamento regular nos termos previstos nesta portaria.
- Recebimento de uniforme, devidamente autorizado, às expensas do empregador.
- Utilização de materiais e equipamentos em perfeito funcionamento e estado de conservação, inclusive armas e munições.

(Portaria n. 387/2006 - Art. 117)

Para saber mais

Com o intuito de aprofundar o nosso estudo, já a partir desta Apresentação, você pode acessar os *sites* indicados a seguir, nos quais se faz referência à lei aplicada aos empregados de segurança privada, bem como ao decreto e à portaria que regem as condutas no ambiente de trabalho.

BRASIL. Lei n. 7.102, de 20 de junho de 1983. *Diário Oficial União*, Brasília, DF, 21 jun. 1983. Disponível em: <http://www.planalto.gov.br/Ccivil_03/LEIS/L7102compilado.htm>. Acesso em: 1º dez. 2016.

_____. Decreto n. 89.056, de 24 de novembro de 1983. *Diário Oficial da União*, Poder Executivo, Brasília, DF, 25 nov. 1983. Disponível em: <http://www.planalto.gov.br/ccivil_03/decreto/Antigos/D89056.htm>. Acesso em: 30 nov. 2016.

BRASIL. Ministério da Justiça. Departamento de Polícia Federal. Portaria n. 387, de 28 de agosto de 2006. *Diário Oficial da União*, Brasília, DF, 1º set. 2006. Disponível em: <https://www.legisweb.com.br/legislacao/?id=197411>. Acesso em: 1º dez. 2016. Disponível em: <https://www.legisweb.com.br/legislacao/?id=197411>. Acesso em: 1º dez. 2016.

Além dos direitos específicos, devemos lembrar que os empregados da segurança privada também têm direito ao recebimento de salário, adicionais, horas extras, salário-família, férias acrescidas de um terço, 13º salário, estabilidade no emprego – quando for o caso –, entre outros direitos que abordaremos nos capítulos seguintes.

É importante lembrarmos que o Direito do Trabalho é o ramo do Direito que estuda o trabalho humano assalariado e subordinado. É um ramo orientado por princípios e normas próprias, que têm como objetivo estabelecer o equilíbrio nas relações trabalhistas, como meio de garantir aos trabalhadores um trabalho digno e saudável.

Conhecer esses direitos é de fundamental importância para toda e qualquer pessoa, seja ela trabalhadora ou empregadora, pois esse é o primeiro passo para que as normas de proteção aos trabalhadores sejam efetivamente cumpridas. Isso é válido também para os empregados da segurança privada que trabalham na qualidade de **empregado**.

Os direitos individuais do trabalho estão previstos no art. 7º da Constituição da República Federativa do Brasil (CF) de 1988. Entre eles, devemos destacar (Brasil, 1988):

» **Relação de emprego**, que é protegida contra a despedida arbitrária; por isso, quando da demissão sem justa causa, o empregador deve indenizar o trabalhador com o pagamento de uma multa, conhecida atualmente como a "multa de 40% do FGTS" (CF, art. 7º, I).

» **Seguro-desemprego**, em caso de desemprego involuntário (CF, art. 7º, II).

» **Fundo de garantia do tempo de serviço** (FGTS) (CF, art. 7º, III).

» **Salário mínimo**, o qual é fixado em lei, nacionalmente unificado. Esse salário, por força de lei, deve sofrer reajustes periódicos visando a garantir e preservar o seu poder de compra, ou seja, prevenir a sua desvalorização (CF, art. 7, IV).

» A todo trabalhador é garantido um **piso salarial**, normalmente estipulado na convenção coletiva de trabalho, que não pode ser inferior ao salário mínimo federal (CF, art. 7º, V).

» Também é garantido ao trabalhador a **irredutibilidade do salário**, salvo o disposto em convenção ou acordo coletivo. Tal proteção proíbe que o empregador efetue a redução do salário de seus empregados, hipótese que somente é permitida mediante acordo coletivo de trabalho e sob a chancela do sindicato que represente a categoria profissional dos empregados (CF, art. 7º, VI).

» Garantia de salário, nunca inferior ao mínimo federal, para os que percebem **remuneração variável**, ou seja, trabalhadores com salários pagos mediante comissões, por exemplo (CF, art. 7º, VII).

» **Décimo terceiro salário**, com base na remuneração integral ou no valor da aposentadoria (CF, art. 7º, VIII).

» Remuneração do **trabalho noturno** superior à do diurno (CF, art. 7º, IX).

» **Proteção do salário** na forma da lei, constituindo crime sua retenção dolosa, ou seja, é proibido ao empregador a retenção do salário do trabalhador (CF, art. 7º, X).

» **Duração do trabalho normal não superior a 8 horas diárias e 44 semanais,** facultada a compensação de horários e a redução da jornada, mediante acordo ou convenção coletiva de trabalho (CF, art. 7º, XIII).

» Jornada de seis horas para o trabalho realizado em **turnos ininterruptos de revezamento**, salvo negociação coletiva (CF, art. 7º, XIV).

» **Descanso semanal remunerado (DSR)**, preferencialmente aos domingos (CF, art. 7º, XV).

» Remuneração do **serviço extraordinário** superior, no mínimo, em 50% (cinquenta por cento) à do normal.

» Gozo de **férias anuais** remuneradas com, pelo menos, um terço a mais do que o salário normal (CF, art. 7º, XVII).

» **Licença à gestante**, sem prejuízo do emprego e do salário, com a duração de 120 dias (CF, art. 7º, XVIII).

» **Aviso prévio** proporcional ao tempo de serviço, sendo de 30 dias, no mínimo, nos termos da lei (CF, art. 7º, XXI).

- » **Redução dos riscos inerentes ao trabalho**, por meio de normas de saúde, higiene e segurança (CF, art. 7º, XXII).
- » **Adicional** de remuneração para as **atividades penosas, insalubres ou perigosas**, na forma da lei (CF, art. 7º, XXIII).
- » Reconhecimento das **convenções e acordos coletivos** de trabalho (CF, art. 7º, XXVI).
- » **Proibição de diferença de salários**, de exercício de funções e de critério de admissão por motivo de sexo, idade, cor ou estado civil (CF, art. 7º, XXX).
- » Proibição de trabalho noturno, perigoso ou insalubre a menores de 18 e de qualquer trabalho a menores de 16 anos, salvo na condição de aprendiz, a partir de 14 anos (CF, art. 7º, XXXIII).

O art. 170 da CF prevê que cabe ao empregador garantir ao empregado o exercício do trabalho de forma digna, assegurando a **proteção aos direitos sociais** previstos no art. 6º da Carta Magna, como saúde, educação, alimentação, moradia, transporte, lazer, segurança, proteção à maternidade e à infância, entre outros (Brasil, 1988).

A fim de tornar efetivos esses direitos constitucionais, a Consolidação das Leis do Trabalho (CLT – Decreto-lei n. 5.452, de 1º de maio de 1943 – Brasil, 1943) normatiza as relações individuais de trabalho nos seus artigos 1º a 510. Nos capítulos a seguir, abordaremos as principais normas pertinentes aos trabalhadores da segurança privada.

Este livro traz alguns recursos que visam enriquecer o seu aprendizado, facilitar a compreensão dos conteúdos e tornar a leitura mais dinâmica. São ferramentas projetadas de acordo com a natureza dos temas que vamos examinar. Veja a seguir como esses recursos se encontram distribuídos no projeto gráfico da obra.

Conteúdos do capítulo:
Logo na abertura do capítulo, você fica conhecendo os conteúdos que serão nele abordados.

Após o estudo deste capítulo, você será capaz de:
Você também é informado a respeito das competências que irá desenvolver e dos conhecimentos que irá adquirir com o estudo do capítulo.

Importante!
Algumas das informações mais importantes da obra aparecem nestes boxes. Aproveite para fazer sua própria reflexão sobre os conteúdos apresentados.

como aproveitar ao máximo este livro

Síntese

Você dispõe, ao final do capítulo, de uma síntese que traz os principais conceitos nele abordados.

Estudo de caso

Esta seção traz ao seu conhecimento situações que vão aproximar os conteúdos estudados de sua prática profissional.

Exercício resolvido

Nesta seção a proposta é acompanhar passo a passo a resolução de alguns problemas mais complexos que envolvem o assunto do capítulo.

Perguntas & respostas

Nesta seção, os autores respondem a dúvidas frequentes relacionadas aos conteúdos abordados no capítulo.

Questões para revisão

Com essas atividades, você tem a possibilidade de rever os principais conceitos analisados. Ao final do livro, o autor disponibiliza as respostas às questões, a fim de que você possa verificar como está sua aprendizagem.

Questões para reflexão

Nessa seção, a proposta é levá-lo a refletir criticamente sobre alguns assuntos e trocar ideias e experiências com seus pares.

Para saber mais

Você pode consultar as obras indicadas nesta seção para aprofundar sua aprendizagem.

I

Direito individual do trabalho: relação de trabalho e relação de emprego

Conteúdos do capítulo:

» Relação de trabalho.
» Relação de emprego.
» Características da relação de trabalho e da relação de emprego.

Após o estudo deste capítulo, você será capaz de:

1. Diferenciar a relação de trabalho da relação de emprego.
2. Identificar os pressupostos para a configuração da relação de emprego.
3. Perceber os casos em que uma relação de emprego está sendo omitida pelo empregador em prejuízo ao trabalhador.

Um vigilante pode trabalhar tanto como empregado – com carteira assinada – quanto como profissional autônomo. Nesse contexto, surgem as seguintes perguntas: Quando a atividade de vigilante pode ser terceirizada? O vigilante ou o contratante podem escolher entre contrato com ou sem registro? Se com registro, quais são os direitos do vigilante? E se for sem registro? São muitas as perguntas, mas não se preocupe, pois buscaremos responder a todas elas neste livro. Então, vamos adiante, futuro trabalhador da segurança privada!

1.1 Relação de trabalho e relação de emprego: diferenciação

A **relação de trabalho** é o **gênero**, ou seja, trata-se de algo **geral, amplo**. Ela engloba todas as formas de trabalho humano, sejam elas com vínculo de emprego ou não, subordinadas ou não, remuneradas ou não. São exemplos de relação de trabalho: o trabalho autônomo, o trabalho de diarista, o contrato de estágio e o contrato de empreitada, entre outros.

Já a **relação de emprego** é mais **específica** e estabelece o **vínculo de emprego** entre empregado e empregador; nesse caso, o trabalhador tem, obrigatoriamente, sua carteira de trabalho assinada e seu contrato de trabalho regido pela Consolidação das Leis do Trabalho (CLT). O contrato de trabalho com vínculo de emprego caracteriza o que chamamos *contrato individual de trabalho*.

O **contrato individual de trabalho** estabelece a relação de emprego entre o empregado e o empregador. Ele pode ser acordado tanto de forma tácita (acordo que dispensa forma determinada), quanto de forma expressa; pode ainda ser verbal ou escrito.

Por estabelecer a relação com vínculo de emprego, o que é a regra, o contrato individual de trabalho **não requer uma forma prescrita em lei**, podendo ser acordado de qualquer forma. Porém, suas exceções, ou seja, os contratos de trabalho sem o reconhecimento do vínculo de emprego, devem ser realizados mediante acordo escrito e termos pré-fixados, sob pena de serem considerados contratos individuais de trabalho.

> **Importante!** As relações contratuais podem ser objeto de livre negociação entre o empregado e o empregador, desde que as normas vigentes que protegem o trabalhador não sejam contrariadas, conforme registrado no art. 468, de CLT. (Brasil, 1943).

Entretanto, de acordo com o art. 29 da CLT (Brasil, 1943), mesmo não havendo uma forma prescrita em lei, o contrato individual de trabalho deve ser obrigatoriamente anotado na carteira profissional (CLT, art. 29; Brasil, 1943).

Além disso, em caso de troca de empregador, ou seja, de mudança na propriedade ou na estrutura jurídica da empresa, ou mesmo nos casos de falência, recuperação judicial ou dissolução da empresa, os direitos oriundos da existência do contrato de trabalho devem ser cumpridos e resguardados pelo empregador.

A seguir, apresentamos como se configura a sucessão de empregador, bem como o posicionamento do Tribunal Regional do Trabalho (TRT) da 9ª Região a esse respeito:

> Sucessão de empregadores. Caracterização. A sucessão trabalhista se caracteriza sempre que a pessoa do empregador é substituída na exploração do negócio, com transferência de bens e sem ruptura na continuidade da atividade empresarial. Tal fato opera a imediata e automática assunção dos contratos trabalhistas pelo novo titular da organização empresarial ou de sua parcela transferida. Irrelevante se o trabalhador prestou serviços ou não para a pessoa física ou jurídica sucessora. No caso, constatado que as executadas têm sócios com grau de parentesco próximo, que uma passou a

> atuar no mesmo local em que funcionava a outra, no mesmo ramo de atividade e aproveitando-se de mesmos empregados, resta caracterizada a sucessão, devendo a sucessora responder pelos créditos trabalhistas devidos ao exequente. Agravo de petição da executada a que se nega provimento.
>
> (Brasil, 2015c)

A leitura desse fragmento permite afirmar que os direitos trabalhistas do empregado deverão ser resguardados, mesmo após a sucessão de empregadores, e mesmo se o empregado não tiver prestado serviços diretamente para o sucessor.

Portanto, **a relação de trabalho é aquela estabelecida sem vínculo empregatício**. Nela, o contratante não precisa anotar a carteira de trabalho do empregado – no caso aqui abordado, de segurança privada –, mas tem de firmar um contrato escrito e devidamente assinado, sob o risco de ser caracterizada a relação de emprego entre as partes. Já a **relação de emprego cria vínculo** entre contratante e contratado, garantindo ao vigilante os direitos trabalhistas dispostos na CF e na CLT.

Contudo, ainda paira uma dúvida: Quando uma pessoa pode e quando não pode ser contratada como empregado? Quais são os requisitos para que uma relação de emprego se estabeleça? Adiante, apresentaremos respostas para essas perguntas.

1.2 Terceirização e requisitos caracterizadores da relação de emprego

A terceirização consiste no processo pelo qual uma empresa contrata outra ou um profissional autônomo para realizar um trabalho em que estes são supostamente especialistas.

No Brasil, atualmente, não há legislação que aborda o tema da terceirização. Em outras palavras, não está regulamentado por normas (leis, decretos e outros) quais atividades podem ou não ser terceirizadas. Para melhor discutirmos o tema, é importante, então, avaliarmos o que a CLT e o Tribunal Superior do Trabalho (TST) dizem a esse respeito.

Segundo a Súmula n. 331 do TST (Brasil, 2011c), é proibida a terceirização de qualquer atividade relacionada à atividade principal da empresa. Sabendo disso, é possível questionar: Como descobrir qual é a atividade principal de uma empresa? Para responder a essa pergunta, podemos formular outra, qual seja: Para qual atividade a empresa foi criada? Se os serviços que se pretende terceirizar estiverem diretamente relacionados àquela atividade para qual a empresa foi criada, eles não podem ser terceirizados.

> **Importante!**
>
> **Súmula** é uma breve exposição do posicionamento dos tribunais sobre determinado assunto.

Para uma melhor compreensão, imagine uma indústria de papel. Agora, façamos a seguinte pergunta: Para qual atividade essa empresa foi criada? A resposta é: Para fabricar e vender papel. Nesse caso, ela pode terceirizar os serviços de segurança privada? A resposta é afirmativa, tendo em vista que a empresa não foi criada para prestar serviços de vigilância. Agora, pense em uma empresa de vigilância patrimonial e responda à pergunta: Para qual atividade a empresa foi criada? Foi criada para prestar serviços de segurança privada. Nesse caso, ela não pode terceirizar os serviços de vigilantes, ou seja, todos os vigilantes que nela trabalham devem ser seus empregados, com o devido registro em carteira de trabalho e garantia dos direitos trabalhistas. Compreendeu?

Quando mencionamos **serviços terceirizados**, estamos nos referindo à decisão de contratar uma pessoa especializada em um determinado serviço para fazer aquilo que uma empresa não sabe ou não pode fazer. É o que chamamos de *atividades-meio*, ou seja, atividades não relacionadas à atividade principal da empresa.

Cabe esclarecermos que, não obstante a terceirização da mão de obra ocorra em uma atividade-meio, conforme a Súmula n. 331 do TST (Brasil, 2011c), se a relação entre o contratado terceirizado (o vigilante, por exemplo) e o tomador (aquele que contrata o serviço terceirizado) ocorrer com **pessoalidade, subordinação, onerosidade** e **habitualidade**, o contratado também tem direito ao reconhecimento do vínculo de emprego. Isso ocorre porque estarão presentes na relação o que chamamos de *requisitos caracterizadores da relação de emprego*.

Os requisitos caracterizadores da relação de emprego estão dispostos nos arts. 2º e 3º da CLT (Brasil, 1943):

» **Pessoalidade** – Consiste em exigir que somente aquele empregado específico que foi contratado para exercer a função a execute; assim, é vedado ao empregado fazer-se substituir por um terceiro, estranho à relação contratual.

» **Habitualidade** – Significa que o trabalhador realiza suas atividades com a vontade, o ânimo de se fixar naquele posto de trabalho. Ou seja, ele presta um serviço de natureza contínua, desejando ficar, por prazo indeterminado, prestando tal serviço ao empregador.

» **Subordinação** – Juridicamente, significa que o empregado está sujeito às ordens e às regras estipuladas pelo empregador, e, se não as cumprir, pode ser penalizado por isso.

» **Onerosidade** – Indica que o trabalho deve ser remunerado. Cabe ao empregador pagar o salário do empregado pela prestação de seus serviços. Como destaca Martins (2010, p. 101), "se o empregado prestar serviços gratuitamente por vários meses ou anos, não há contrato de trabalho".

» **Assunção dos riscos pelo empregador** – Também conhecida como *alteridade*, caracteriza-se pelo fato de o empregador assumir os riscos e as despesas do negócio. Assim, os salários devem ser pagos ao empregado, independentemente de a empresa ter auferido lucros ou prejuízos, uma vez que os riscos da atividade econômica pertencem única e exclusivamente ao empregador.

Por fim, vale destacarmos que, por força do **princípio da primazia da realidade**, mesmo que exista um contrato escrito em que esteja registrado que não se trata de trabalho com vínculo de emprego, uma vez presentes todos os requisitos relacionados, o vínculo de emprego estará configurado. Nesse caso, o trabalhador tem o direito a receber todas as verbas trabalhistas devidas a um empregado, tais como horas extras, férias com acréscimo de um terço, 13º salário e FGTS, entre outras.

Síntese

Neste capítulo, explicamos que **relação de trabalho** é toda relação em que uma pessoa física presta serviços a outra pessoa, seja esta física ou jurídica. Esclarecemos ainda que a **relação de emprego** é aquela na qual uma pessoa física presta serviços a outra, seja ela física ou jurídica, mediante subordinação, habitualidade, onerosidade e pessoalidade. Afirmamos, ao final, que os riscos do negócio são assumidos pelo empregador.

Estudo de caso

Mário foi contratado pela empresa XZY Proteção Patrimonial S.A., para exercer a função de vigilante na qualidade de prestador de serviços autônomos. Por determinação da empresa contratante, ele cumpria jornada de trabalho, estava subordinado ao chefe dos vigilantes, e recebia um salário mensal correspondente a R$ 2.000,00. Podemos questionar se a empresa agiu corretamente ao contratar Mário como prestador de serviços.

Considerando as informações apresentadas neste capítulo, percebemos que a empresa não agiu corretamente, e Mário tem direito ao reconhecimento do vínculo de emprego. Conforme explicitamos, vigora no Direito do Trabalho o princípio da primazia da realidade, ou seja, a realidade dos fatos deve prevalecer sobre os documentos firmados. De acordo com a situação descrita, Mário trabalhou com pessoalidade, subordinação, onerosidade e habitualidade, requisitos que configuram o vínculo de emprego. Por isso, Mário é, na verdade, empregado da empresa XZY e deve ter seus direitos reconhecidos, tais como a assinatura da carteira de trabalho, o recebimento do FGTS, férias com acréscimo de um terço, 13º salário e horas extras, entre outros.

Perguntas & respostas

Em que consiste a subordinação no ambiente de trabalho?
Resposta: Podemos entender por *subordinação* a situação em que o empregado está subordinado a um chefe, sendo que, nesse ambiente de trabalho, o empregado deverá cumprir as tarefas que lhes forem determinadas, desde que não sejam ilegais.

Questões para revisão

1) Os salários devem ser pagos ao empregado, independentemente de a empresa ter auferido lucros ou prejuízos, uma vez que os riscos da atividade econômica devem ser assumidos única e exclusivamente pelo empregador. Em qual requisito da relação de emprego tal assertiva baseia-se?
   a. Pessoalidade.
   b. Alteridade.
   c. Não eventualidade.
   d. Onerosidade.
   e. Subordinação.

2) Com relação ao contrato de trabalho e ao contrato de emprego, assinale a opção correta:
   a. Nos termos da CLT, inclui-se no conceito de *empregado* toda empresa individual que presta serviço a um empregador mediante salário.
   b. As expressões *relação de trabalho* e *relação de emprego* se referem à mesma situação fático-jurídica, visto que, em ambas, é caracterizada uma prestação de serviços com o pagamento em contraprestação pelos serviços prestados, razão pela qual deve haver o mesmo tratamento jurídico no que se refere ao direito das partes envolvidas.
   c. A prestação de serviço autônomo é considerada uma relação de trabalho.
   d. Para a caracterização do contrato de emprego, é imprescindível a existência concomitante dos seguintes requisitos: onerosidade, pessoalidade, subordinação jurídica, não eventualidade e exclusividade.
   e. Considera-se *empregador* a empresa individual ou coletiva que assumir os riscos da atividade econômica, pagar

salário e dirigir a prestação pessoal do serviço, não se admitindo, conforme a lei, a equiparação da figura do empregador para efeito de relação de emprego.

3) Analise as afirmativas a seguir e classifique-as como verdadeiras (V) ou falsas (F).

( ) O trabalho autônomo, o trabalho de diarista, o contrato de estágio e o contrato de empreitada são relações de trabalho.

( ) O trabalhador autônomo é aquela pessoa que exerce suas atividades por sua conta e risco, não cumpre horários e não está subordinado ao seu contratante.

( ) O requisito da pessoalidade é essencial para caracterizar o vínculo de emprego entre o empregador e o empregado.

( ) As relações contratuais não podem ser objeto de livre negociação entre o empregado e o empregador porque as normas vigentes que protegem o trabalhador não podem contrariadas.

A sequência correta de preenchimento dos parênteses é:
a. V, F, V, F.
b. F, F, V, F.
c. V, V, V, F.
d. V, F, V, V.
e. V, V, V, F.

4) Assinale a alternativa que não apresenta dois requisitos que caracterizam a relação de emprego:
a. Pessoalidade e não onerosidade.
b. Subordinação e habitualidade.
c. Assunção dos riscos pelo empregador e onerosidade.
d. Pessoalidade e habitualidade.
e. Alteridade e pessoalidade.

5) Considerando-se o art. 7º da CF, assinale a alternativa incorreta:
   a. A relação de emprego é protegida contra despedida arbitrária, devendo o empregador pagar ao empregado dispensado sem justa causa salário mensal acrescido de multa de 40% do FGTS.
   b. Não é devido ao trabalhador seguro-desemprego em caso de pedido de demissão.
   c. É devido ao trabalhador fundo de garantia do tempo de serviço.
   d. É obrigatória a redução dos riscos inerentes ao trabalho, por meio de normas de saúde, higiene e segurança.
   e. É facultativo ao empregador o pagamento do adicional na remuneração para as atividades penosas, insalubres ou perigosas, na forma da lei.
6) É proibida a livre negociação no contrato de trabalho?
7) Quais são as principais obrigações do empregado e do empregador na relação de emprego?

Questão para reflexão

Quais são os benefícios e os malefícios da terceirização?
Para ajudar na sua reflexão assista aos vídeos que sugerimos:
OS SIMPSONS e a terceirização. 13 abr. 2015. Disponível em: <https://www.youtube.com/watch?v=PN--Qs3UkJE>.
Acesso em: 1º dez. 2016.
TV SENADO. *Procurador do trabalho critica projeto da terceirização*: "é um cenário grave", adverte Helder Amorim. 13 abr. 2015. Disponível em: <https://www.youtube.com/watch?v=uqbEFnQj-Bo>.
Acesso em: 1º dez. 2016.

Para saber mais

A **subordinação** é um dos principais requisitos da relação de emprego, devendo o empregado obedecer às normas da empresa e às ordens do seu superior hierárquico, sempre respeitando os envolvidos na relação de emprego.

Para saber mais sobre esse assunto, assista ao filme *Germinal*. O romance homônimo escrito pelo francês Émile Zola, no ano de 1885, foi base para a criação do filme, do ano de 1993, sob a direção e produção de Claude Berri.

GERMINAL. Direção: Claude Berri. França: AMLF, 1993. 160 min.

II

Contrato individual de trabalho: empregado e empregador

Conteúdos do capítulo:

- » Empregado e empregador.
- » Contrato individual de trabalho.
- » Formas de contratação.
- » Prazos e procedimentos necessários à realização do contrato de trabalho.
- » Elementos que validam o contrato de trabalho.

Após o estudo deste capítulo, você será capaz de:

1. Identificar os indivíduos que podem ser empregados e empregadores em uma relação de trabalho.
2. Compreender as principais modalidades de contrato de trabalho.
3. Perceber se um contrato de trabalho é ou não válido.

Você já parou para pensar quem pode e quem não pode ser empregado e/ou empregador? E mais: quais são as partes do **contrato individual do trabalho**?

Ora, o contrato individual de trabalho é um acordo de vontades firmado entre um empregado e um empregador, no qual o primeiro se compromete a prestar pessoalmente serviços ao segundo. Nesse acordo, o empregador se compromete a remunerar o empregado e lhe garantir condições dignas e saudáveis de trabalho e remuneração.

No capítulo anterior, explicamos que o contrato individual de trabalho estabelece a relação de emprego entre o empregado e o empregador e pode ser acordado de forma tácita ou expressa, verbal ou por escrito.

Agora, cabe detalhar quais pessoas podem ser empregados e empregadores em uma relação de emprego.

2.1 Conceito de contrato individual de trabalho

Quando um profissional é contratado como empregado para a prestação de serviços de segurança privada, entra em vigor o **contrato de trabalho**. Esse contrato é, segundo o art. 442 da Consolidação das Leis do Trabalho (CLT), o "acordo tácito ou expresso, correspondente à relação de emprego" (Brasil, 1943). Devemos analisar esse conceito em conjunto com os arts. 2º e 3º da CLT, que dispõem:

> Art. 2º – Considera-se empregador a empresa, individual ou coletiva, que, assumindo os riscos da atividade econômica, admite, assalaria e dirige a prestação pessoal de serviço.

> §1º – Equiparam-se ao empregador, para os efeitos exclusivos da relação de emprego, os profissionais liberais, as instituições de beneficência, as associações recreativas ou outras instituições sem fins lucrativos, que admitirem trabalhadores como empregados.
>
> §2º – Sempre que uma ou mais empresas, tendo, embora, cada uma delas, personalidade jurídica própria, estiverem sob a direção, controle ou administração de outra, constituindo grupo industrial, comercial ou de qualquer outra atividade econômica, serão, para os efeitos da relação de emprego, solidariamente responsáveis a empresa principal e cada uma das subordinadas.
>
> Art. 3º – Considera-se empregado toda pessoa física que prestar serviços de natureza não eventual a empregador, sob a dependência deste e mediante salário (Brasil, 1943; grifo nosso).

Portanto, o contrato individual de trabalho é um acordo de vontades firmado entre um **empregado** – que somente pode ser pessoa física – e um **empregador** – que pode ser tanto pessoa física quanto pessoa jurídica (empresa) –, no qual o empregado se compromete a prestar serviços ao empregador pessoalmente, de forma habitual, subordinada e mediante o pagamento de salário. Em contrapartida, o empregador se compromete a remunerar o empregado e lhe garantir condições dignas e saudáveis de trabalho e remuneração.

Esse conceito e a análise dos dispositivos da CLT citados dão subsídios para determinar quem são os sujeitos do contrato individual de trabalho e quais são os elementos essenciais para sua validação.

2.2 Sujeitos do contrato de trabalho

Quando fazemos referência aos sujeitos do contrato de trabalho, estamos elaborando a seguinte pergunta: Quem pode ser empregado e quem pode ser o empregador na relação de emprego?

Pois bem, comecemos com a abordagem sobre o empregado.

A análise do art. 3º da CLT, permite concluir que "empregado [é] toda pessoa física que [presta] serviços de natureza não eventual a empregador, sob a dependência deste e mediante salário" (Brasil, 1943).

Observe o que está expresso: pode ser empregado **toda pessoa física**, ou seja, apenas pessoas individuais podem ser empregados na relação de emprego. Portanto, não podemos cogitar que uma pessoa jurídica – isto é, uma empresa, seja ela pública ou privada – possa figurar em uma relação de emprego na qualidade de empregado.

Apenas as pessoas físicas podem ser empregadas em uma relação de emprego.

Para definir quem pode ser empregado, basta consultar o art. 2º da CLT, onde se lê: "Considera-se empregador a empresa, individual ou coletiva, que, assumindo os riscos da atividade econômica, admite, assalaria e dirige a prestação pessoal de serviço" (Brasil, 1943); e ainda o parágrafo 1º: "Equiparam-se ao empregador, para os efeitos exclusivos da relação de emprego, os profissionais liberais, as instituições de beneficência, as associações recreativas ou outras instituições sem fins lucrativos, que admitirem trabalhadores como empregados" (Brasil, 1943).

Portanto, pode ser empregador toda e qualquer pessoa física ou jurídica, que venha a assumir a prestação pessoal de serviços de um empregado (requisito da pessoalidade).

Também são consideradas empregadores, mesmo que o contrato de trabalho não seja diretamente firmado com elas, aquelas empresas que pertencem ao mesmo grupo econômico do empregador (CLT, art. 2º, § 2º.

No dia a dia, é possível duas ou mais empresas se reunirem sob a mesma administração, gerência ou cooperação, com vistas a um objetivo comum. Nesses casos, a reunião dessas empresas caracteriza o que chamamos *grupo econômico*. Quando há a configuração de um grupo econômico, mesmo que cada uma das empresas tenha personalidade jurídica própria (nome e/ou razão social, CNPJ, entre outras características), elas serão solidariamente responsáveis à empresa principal pelo cumprimento dos direitos dos trabalhadores.

Em síntese, apenas pessoas físicas podem ser contratadas como empregados; e tanto as pessoas físicas quanto as jurídicas podem ser consideradas empregadores. Se uma ou mais empresas atuam em conjunto, em benefício e administração uma da outra, elas serão conjuntamente responsáveis por salvaguardar e garantir os direitos dos trabalhadores.

2.3 Elementos essenciais à validação do contrato de trabalho

Já explicamos quem pode e quem não pode ser empregado e empregador, quando é possível ou não terceirizar uma determinada atividade, e quais são os elementos que, uma vez presentes na relação entre o contratado e o contratante, caracterizam o vínculo de emprego entre eles. Entretanto, ainda devemos elucidar o que é necessário para que um contrato de trabalho seja válido, ou melhor, para que não seja nulo.

Quando nos referimos aos **elementos essenciais à validação do contrato de trabalho**, estamos tratando dos elementos legais necessários para que o contrato seja considerado válido. Na ausência de qualquer um deles, o contrato é nulo.

Esses elementos são: capacidade jurídica do trabalhador; objeto lícito e vontade ou consentimento.

A **capacidade jurídica do trabalhador** está relacionada à sua capacidade de assumir e responder por obrigações. No Direito do Trabalho, é proibido, salvo na condição de aprendiz, a contratação de trabalhadores menores de 16 anos de idade; caso o trabalhador tenha mais de 16 e menos de 18 anos, ele deve estar assistido por um representante legal nos atos da contratação e da rescisão do contrato de trabalho. Assim, caso o trabalhador não tenha capacidade jurídica, ou seja, idade para assumir e responder pelas obrigações trabalhistas, o contrato individual de trabalho não é considerado como válido.

Quando falamos em **objeto lícito**, ou seja, em licitude do objeto, queremos dizer que, para que o trabalhador seja protegido pelo Direito do Trabalho, o objeto do seu trabalho deve ser lícito, ou seja, não deve contrariar a lei nem a ordem pública.

Como bem destaca Barros (2010, p. 247), não se deve confundir **atividade ilícita** com **atividade proibida**. Quando a atividade é **ilícita**, o contrato não produz efeito, pois o negócio é reprovado pelo Direito, como, por exemplo, no caso do tráfico de drogas. Quando a atividade é **proibida**, o contrato produz efeitos, e os direitos do trabalhador são protegidos pelo Direito do Trabalho, como na contratação de trabalhadores menores de 14 anos. A atividade é proibida, mas, ocorrendo a contratação, os direitos trabalhistas do menor são protegidos pelo Direito do Trabalho.

Por fim, é elemento essencial à validade do contrato de trabalho o **consentimento**, ou seja, a vontade individual dos contratantes deve ser manifestada de forma livre de vícios, sob pena de nulidade do contrato.

Síntese

Neste capítulo, explicamos que:
- » O **contrato individual** é um acordo de vontades entre o empregado e o empregador.
- » Apenas a **pessoa física** pode ser contratada como **empregado**.
- » Tanto a **pessoa física** quanto a **pessoa jurídica** podem contratar um empregado, ou seja, ser **empregadores**.
- » Somente pode haver contrato de trabalho se o **objeto** do contrato for **lícito**; se o **trabalhador** for **capaz** – ou seja, se tiver idade para assumir responsabilidades – e se houver o **consentimento das partes**, ou seja, a expressão de sua vontade.

Estudo de caso

Pedro da Silva foi contratado pela empresa JJJ Segurança Patrimonial Ltda. em 1º de dezembro de 2013, para trabalhar na função de assistente de vigilância tático móvel autônomo (sem reconhecimento do vínculo de emprego). Sua carteira de trabalho foi assinada apenas no dia 1º de abril de 2014, quando passou a exercer a função de vigilante. Pedro sempre trabalhou cumprindo ordens da empresa JJJ e tinha que fazer os serviços pessoalmente e nos horários pré-estipulados pelo contratante. Como contraprestação, recebia o valor de R$ 1.500,00 ao mês e, para o trabalho, utilizava uma motocicleta fornecida pelo contratante.

Analisemos, então se a empresa agiu corretamente e quais seriam os direitos de Pedro. Pois bem, ele foi contratado em 1º de dezembro de 2013 na qualidade de assistente de vigilante tático móvel; todavia, tal contratação foi fraudulenta, pois a empresa tem o único escopo de ocultar o vínculo de emprego configurado entre as partes.

Primeiramente, devemos observar que, ao longo do período de 1º de dezembro de 2013 a 1º de abril de 2014, a empresa JJJ realizou terceirização de sua atividade principal, o que não é permitido, de acordo com a Súmula n. 331 do TST.

Ainda, na relação havida entre as partes, sempre estiveram presentes os requisitos contidos nos arts. 2º e 3º da CLT a saber:

a. **Subordinação** – Pedro estava obrigado a cumprir ordens provenientes da empresa. Tanto é verdade, que havia um controle rígido da jornada de trabalho, inclusive com fixação de horários de trabalho a serem observados.

b. **Pessoalidade** – Pedro não podia se fazer substituir por terceiros na prestação dos serviços contratados.

c. **Habitualidade** – Pedro laborou de 1º de dezembro de 2013 a 1º de abril de 2014 para a empresa com o ânimo de fixar-se definitivamente a esse posto de trabalho.

d. **Onerosidade** – Pedro recebeu contraprestação por todo o serviço prestado, pois a empresa lhe pagava salários mensais.

e. **Assunção dos riscos pelo empregador** – Todos os custos e ônus relativos à prestação do trabalho eram suportados apenas pela empresa. Tanto é assim, que a empresa pagava um salário fixo mensal que era repassado a Pedro, independentemente do resultado de seus serviços.

Em virtude da fraude patronal cometida na contratação obreira, o suposto contrato de prestação de serviços é nulo de pleno direito, nos termos do art. 9º da CLT.

Dessa forma, o trabalhador tem direito a:

» declaração de nulidade do contrato de prestação de serviços firmado entre as partes;

» reconhecimento do vínculo de emprego entre as partes no período de 1º de dezembro de 2013 a 1º de abril de 2014;

» anotação da Carteira de Trabalho e Previdência Social (CTPS);
» pagamento das verbas decorrentes do reconhecimento do vínculo de emprego, como férias com adicional de um terço, 13º salário, 8% de FGTS, multa rescisória de 40% sobre os depósitos do FGTS, INSS, horas extras e DSR, entre outras.

Perguntas & respostas

O contrato individual de trabalho deve ser necessariamente escrito, não se admitindo forma tácita – ou seja, não escrita – de contratação?
Resposta: A afirmação é falsa. Nos termos do art. 442 da CLT, o contrato individual de trabalho poderá ser tácito ou expresso.

Questões para revisão

1) Assinale a alternativa que corresponde aos elementos da validação do contrato de trabalho:
   a. Consentimento, capacidade jurídica do trabalhador e onerosidade.
   b. Capacidade jurídica, subordinação e pessoalidade.
   c. Objeto lícito, consentimento e habitualidade.
   d. Capacidade jurídica do trabalhador, objeto lícito e vontade ou consentimento.
   e. Subordinação, objeto lícito e consentimento.

2) É proibido o trabalho aos menores de:
   a. 15 anos.
   b. 16 anos.
   c. 18 anos.
   d. 12 anos.
   e. 21 anos.

3) Analise as afirmativas a seguir e classifique-as como verdadeiras (V) ou falsas (F).
   ( ) A pessoalidade do empregado caracteriza-se por sua subordinação jurídica à prestação exclusiva dos serviços.
   ( ) Não há a necessidade de o empregado se subordinar às normas da empresa.
   ( ) O empregado pode trabalhar eventualmente ao empregador e receber mensalmente o seu salário.
   ( ) A empresa pertencente a um grupo econômico jamais repassará suas obrigações trabalhistas às demais empresas.
   A sequência correta de preenchimento dos parênteses é:
   a. V, V, F, F.
   b. F, F, F, V.
   c. V, F, F, F.
   d. V, F, V, F.
   e. V, V, F, F.

4) Analise as afirmativas a seguir e classifique-as como verdadeiras (V) ou falsas (F).
   ( ) O empregado não pode ser pessoa jurídica.
   ( ) O empregador pode ser pessoa jurídica, ou seja, empresa individual ou coletiva.
   ( ) Somente pode ser considerado empregador a pessoa jurídica de empresa individual.
   ( ) É o empregado que assume o risco da atividade da empresa

A sequência correta de preenchimento dos parênteses é:
a. V, F, F, V.
b. F, F, V, V.
c. F, V, V, F.
d. V, V, F, F.
e. V, V, V, F.

5) De acordo com a CLT, quem pode ser empregado?
6) De acordo com a CLT, quem pode ser empregador?

Questão para reflexão

Em que medida as crises políticas afetam os direitos dos trabalhadores?
Para enriquecer sua reflexão, leia o seguinte artigo:
SOUTO MAIOR, J. L. Os direitos trabalhistas sob o fogo cruzado da crise política. *Anamatra*, 4 abr. 2016. Disponível em: <http://www.anamatra.org.br/index.php/artigos/os-direitos-trabalhistas-sob-o-fogo-cruzado-da-crise-politica>. Acesso em: 2 dez. 2016.

Para saber mais

Como vimos neste capítulo, o menor de idade pode ser contratado somente na condição de aprendiz.
Para saber mais sobre o assunto, assista ao vídeo:
MENOR aprendiz incentiva jovens a entrar no mercado de trabalho. 26 dez. 2014. Disponível em: <https://www.youtube.com/watch?v=z2PTnSs5mrY>. Acesso em: 2 dez. 2016.

Também vale a pena conferir o artigo:

ANDR, T. Modificações no contrato de trabalho e suas implicações: consequências do jus variandi no contrato de trabalho. *Jus Brasil*, jan. 2016. Disponível em: <http://tatianaoabpr.jusbrasil.com.br/artigos/286785234/modificacoes-no-contrato-de-trabalho-e-suas-implicacoes>. Acesso em: 2 dez. 2016.

III

Conteúdos do capítulo:

» Contrato de trabalho por prazo determinado.
» Contrato de trabalho por prazo indeterminado.
» Contrato de experiência.
» Contrato de trabalho temporário.

Após o estudo deste capítulo, você será capaz de:

1. Identificar a finalidade do contrato de experiência.
2. Reconhecer quando e por que pode ser firmado um contrato de experiência.
3. Indicar o prazo do contrato de experiência.
4. Listar os requisitos que conferem validade ao contrato de experiência.
5. Deferir a finalidade do contrato de trabalho temporário.
6. Distinguir quando e por que pode ser firmado um contrato de trabalho temporário.
7. Indicar o prazo do contrato de trabalho temporário.
8. Enumerar os requisitos que conferem validade ao contrato de trabalho temporário.

Contrato individual de trabalho por prazo determinado e por prazo indeterminado

O contrato de trabalho válido pode ser assinado tanto por prazo indeterminado, quanto por prazo determinado. Você sabe a diferença entre essas duas modalidades? Ambas podem ser utilizadas na contratação do vigilante empregado. Assim, vamos nos aprofundar no assunto?

3.1 Diferenciação

O **contrato por prazo indeterminado** é aquele que tem o seu início previamente acordado entre o empregado e o empregador, mas não tem o seu término previamente estipulado. Ele irá vigorar enquanto for interessante para ambos os contratantes.

Em regra, todo e qualquer contrato de trabalho firmado entre empregado e empregador é considerado por prazo indeterminado, salvo se acordado por escrito de forma diversa.

Já o **contrato por prazo determinado** é aquele que tem o seu início e o seu término previamente acordados entre o empregado e o empregador. Por se tratar de uma **exceção ao princípio da continuidade**, para que o contrato desse tipo seja considerado válido, deve ser ajustado por escrito e respeitar os limites impostos pela legislação que o regulamenta.

Segundo o art. 443, parágrafo 2º, da Consolidação das Leis de Trabalho (CLT), o contrato individual de trabalho por prazo determinado é válido somente nos seguintes casos: serviço cuja natureza ou transitoriedade justifique a predeterminação do prazo; atividades empresariais de caráter transitório; ou contrato de experiência (Brasil, 1943).

Entre as diversas modalidades de contrato por prazo determinado, interessa-nos comentar as especificidades do **contrato de experiência** e do **contrato de trabalho temporário**, nas seções que seguem.

3.2 Contrato de experiência

O contrato de experiência é o contrato de trabalho por prazo determinado de **curta duração** e que tem como objetivo permitir ao empregado e ao empregador se conhecerem. Ele permite ao empregador avaliar as qualificações e o perfil do empregado, e, a este, avaliar as condições de trabalho.

Para ser considerado válido, o contrato de experiência deve ser firmado obrigatoriamente por escrito, e devidamente anotado na carteira de trabalho do empregado. Seu prazo total não pode ultrapassar 90 dias, sob pena de ser convertido automaticamente em contrato por prazo indeterminado (CLT, art. 445, parágrafo único – Brasil, 1943).

Considerando que a legislação trabalhista vigente estabelece exclusivamente o prazo máximo do contrato de experiência, é bom destacarmos que ele pode ser acordado por prazo inferior, ou seja, por 15, 20, 30, 45 ou 50 dias, por exemplo. Ainda, conforme estabelece o art. 451 da CLT, o contrato de experiência pode ser prorrogado, desde que isso seja feito antes do término do primeiro contrato de experiência, e desde que, somando-se os dois contratos, não sejam ultrapassados os 90 dias (Brasil, 1943).

Além disso, observe que essa prorrogação pode ocorrer uma única vez. Caso aconteça mais de uma prorrogação, o contrato passa a ser automaticamente por prazo indeterminado.

Por fim, também devemos destacar que, se o contratado trabalhou anteriormente para o mesmo empregador como empregado ou trabalhador temporário e exerceu as mesmas funções que desempenhará no novo contrato, o empregador não pode realizar a nova contratação na modalidade por prazo determinado. Se o fizer, o contrato pode ser anulado e passa a vigorar na modalidade de contrato por prazo indeterminado, conforme preceitua o art. 452 da CLT (Brasil, 1943).

3.3 Contrato de trabalho temporário

Outra modalidade do contrato individual de trabalho por prazo determinado é o contrato de trabalho temporário. Essa modalidade está regulamentada pela Lei n. 6.019, de 3 de janeiro de 1974 (Brasil, 1974b) e pelo Decreto n. 73.841, de 13 de março de 1974 (Brasil, 1974a).

Nessa modalidade, na segurança privada, uma empresa de locação de mão de obra temporária realiza a contratação do empregado, especificamente um vigilante, que prestará serviços dentro das dependências de uma terceira empresa, a tomadora de serviços.

Nesse caso, pode ser realizada a **terceirização** de serviços relacionados à atividade-fim, desde que respeitadas as normas da contratação temporária que mencionaremos a seguir. Esse contrato não se confunde com o de prestação de serviços de vigilância, por exemplo.

Conforme estabelece o art. 2º da Lei n. 6.019/1974, o "trabalho temporário é aquele prestado por pessoa física a uma empresa, para atender à necessidade transitória de substituição de seu pessoal regular e permanente ou à acréscimo extraordinário de serviços" (Brasil, 1974b).

Assim, nos termos da lei, o contrato de trabalho temporário somente pode ser realizado em duas situações, quais sejam:

1. **Substituição de pessoal** – Quando um vigilante sai de férias, por exemplo, a empresa de vigilância pode contratar um trabalhador temporário para substituir aquele que se ausentou; e
2. **Acúmulo extraordinário de serviços** – Caracterizado pelo aumento de trabalho em uma determinada época, como, por exemplo, nos períodos de safra para os trabalhadores agrícolas, nos períodos de natal para os comerciantes, ou em razão de um aumento não previsível de trabalho, como em caso de enchentes ou calamidades públicas, nos quais a empresa precisa aumentar

seu efetivo para resolver um problema temporário. Outro exemplo é o caso da contratação emergencial para segurança pessoal de uma autoridade que esteja em uma determinada cidade.

> **Importante!**
> A substituição de pessoal caracteriza-se, por exemplo, nos casos de substituição de empregados que estejam em férias, em licença, ou em caso de trabalho extraordinário. Nessa modalidade, o novo empregado tem direito a receber salário igual ao do empregado substituído.

Cabe destacarmos que no art. 9º da Lei 6.019/1974, está expresso: "contrato entre a empresa de trabalho temporário e a empresa tomadora de serviço ou cliente deverá ser obrigatoriamente escrito, e dele deverá constar expressamente o motivo justificador da demanda de trabalho temporário, assim como as modalidades de remuneração da prestação de serviço" (Brasil, 1974b).

Ao tratarmos desse tema, surgem os seguintes questionamentos: Por quanto tempo o empregado pode ser contratado como temporário? Quantas vezes isso pode acontecer?

O contrato de trabalho temporário **não pode ser superior a 3 meses**. Se excedido esse tempo, configura-se a nulidade do contrato de trabalho temporário e, por meio judicial, o trabalhador pode ter reconhecido o vínculo de emprego direto com o tomador dos serviços.

Compreendidos os casos em que uma pessoa pode ser contratada como empregado temporário de segurança privada, e por quanto tempo ela pode trabalhar para um mesmo empregador, passamos, agora, a abordar os direitos reservados aos trabalhadores temporários.

Os direitos do trabalhador temporário previstos nos arts. 17 e seguintes do Decreto n. 73.841/1974 estão descritos a seguir:

a. **Remuneração equivalente à percebida pelos empregados da mesma categoria da empresa tomadora ou**

cliente, calculada à base horária, garantido, em qualquer hipótese, o salário mínimo regional.

b. **Pagamento de férias proporcionais**, em caso de dispensa sem justa causa ou término normal do contrato temporário de trabalho, calculado na base de 1/12 do último salário percebido, por mês trabalhado, considerando-se como mês completo a fração igual ou superior a 15 dias.

c. **Indenização do tempo de serviço em caso de dispensa sem justa causa ou de rescisão do contrato por justa causa do trabalhador ou término normal do contrato de trabalho temporário**, calculada na base de 1/12 do último salário percebido, por mês de serviço, considerando-se como mês completo a fração igual ou superior a 15 (quinze) dias.

d. **Benefícios e serviços da previdência social.**

e. **Seguro de acidentes do trabalho.**

f. **Duração normal do trabalho de, no máximo, 8 horas diárias**, salvo disposições legais específicas concernentes a peculiaridades profissionais. A duração normal do trabalho pode ser acrescida de horas suplementares, em número não excedente de 2 (duas), mediante acordo escrito entre a empresa de trabalho temporário e o trabalhador temporário, sendo a remuneração dessas horas acrescida de, pelo menos 20% em relação ao salário-horário normal.

g. **Trabalho noturno, com remuneração superior em 20%**, no mínimo, em relação ao diurno.

h. **Descanso semanal remunerado** (Brasil, 1974a).

Reiteramos que, nessa modalidade de contratação, o empregado tem direito a receber salário igual ao do trabalhador substituído ou daqueles empregados diretos do tomador que exerçam a mesma função.

Importante! Como podemos verificar, o contrato de trabalho por prazo determinado ou indeterminado deve ser anotado na carteira de trabalho e previdência social (CTPS) do empregado; além disso, em caso de trabalho por prazo determinado, deverá ser especificado se se trata de contrato de experiência ou temporário.

Síntese

Neste capítulo, explicitamos que:
» O **contrato de experiência** permite que o empregador avalie as qualificações e o perfil do empregado. Deve ser anotado na carteira de trabalho e ter duração de, no máximo, 90 dias, podendo ser prorrogado apenas uma vez, e desde que a soma dos contratos não ultrapasse esse período.

» O **contrato de trabalho temporário** é aquele em que o empregado é contratado por intermédio de uma empresa de locação de mão de obra temporária, para trabalhar nas dependências da empresa tomadora de serviços (3ª empresa) para suprir uma necessidade transitória de substituição de empregados regularmente contratados, ou em razão de acréscimo extraordinário de serviços. O empregado temporário é contratado pelo prazo máximo de 3 meses; caso esse período seja ultrapassado, o contrato é considerado nulo e, consequentemente, é convertido em contrato por prazo indeterminado.

Estudo de caso

João das Dores foi empregado da empresa SPY Segurança Ltda. no período de 16 de agosto de 2014 a 16 de fevereiro de 2015. Em 8 de agosto de 2015, João foi recontratado para exercer novamente a função de vigilante. Na ocasião, foi firmado um contrato de experiência que vigorou até 21 de setembro de 2015. Poderia a empresa SPY ter contratado João na modalidade de contrato de experiência?

A resposta é *não*. Caso similar foi julgado pela Justiça do Trabalho do Paraná, e assim o juiz fundamentou sua decisão (ação número 02456-2012-019-09-00-1)*:

> O contrato de experiência tem por fim verificar se o trabalhador possui as características e aptidões necessárias ao exercício das atividades que lhe são determinadas, e constatar se o empregado consegue se adaptar ao ambiente de trabalho. A readmissão do autor pela ré, através de contrato de experiência, para exercer a mesma função anterior, não se enquadra dentre os objetivos do contrato de experiência, pois a empresa já conhecia a qualidade dos serviços prestados pelo reclamante, sua capacidade para o exercício da função e adaptação ao ambiente de trabalho (Brasil, 2012a).

Constata-se, assim, a nulidade do contrato de experiência em questão.

---

* Para conferir a sentença na íntegra, acesse: <http://www.trt9.jus.br/internet_base/publicacaoman.do?evento=Editar&chPlc=5143633&procR=AAAXsxABYAAKC6KAAP&ctl=2456>.

Perguntas & respostas

O contrato individual de trabalho por prazo determinado, como, por exemplo, o contrato de experiência, pode ser acordado tácita ou expressamente, verbalmente ou por escrito. Essa afirmação é verdadeira ou falsa? Justifique.
Resposta: Falsa. Os contratos por prazo determinado, por fugirem à regra estabelecida pelo princípio da continuidade dos contratos de trabalho, devem ser firmados obrigatoriamente de forma expressa e por escrito.

Questões para revisão

1) No que se refere ao contrato de experiência, assinale a alternativa correta:
   a. Pode ser firmado por 90 dias, sendo permitida 1 prorrogação pelo mesmo período.
   b. Pode ser firmado por 3 meses sem prorrogação.
   c. Pode ser firmado por 1 mês e permite a prorrogação por mais 2 (duas) vezes.
   d. Pode ser firmado por 45 dias sendo permitida 1 prorrogação pelo mesmo número de dias.
   e. Pode ser acordado por 30 dias e é permitida apenas 1 prorrogação.

2) No que se refere ao trabalho temporário, qual é o prazo desse contrato de trabalho?
   a. 15 dias.
   b. 30 dias.
   c. 45 dias.

d. 2 meses.
e. 3 meses.

3) A respeito das condições para que o contrato de experiência seja válido, classifique as afirmativas a seguir como verdadeiras (V) ou falsas (F):
( ) Anotação na CTPS do empregado, apenas constando a nomenclatura "experiência".
( ) Não há necessidade de anotação na CTPS.
( ) É necessária anotação na CTPS do empregado, devendo, obrigatoriamente, constar os dias do contrato de experiência.
( ) A prorrogação do contrato de experiência deve ser realizada antes do término do primeiro período de experiência previamente estabelecido.

A sequência correta de preenchimento dos parênteses é:
a. V, F, F, V.
b. F, V, F, V.
c. F, F, V, V.
d. F, V, F, F.
e. V, V, F, F.

4) Sobre os contratos de trabalho por prazo determinado, assinale a alternativa correta:
a. Podem ser firmados por maior de 18 anos, com anotação na CTPS e prazo estipulado de, no máximo, 90 dias.
b. Podem ser firmados por empregado menor de 18 anos, sem anotação na CTPS.
c. Podem ser firmados por empregado entre 14 e 18 anos, com anotação na CTPS, pelo prazo de 90 dias.
d. Podem ser firmados por empregado entre 14 e 21 anos, com anotação na CTPS, pelo prazo máximo de 45 dias.
e. Podem ser firmados por empregado maior de 16 anos, sem anotação na CTPS, pelo prazo de 60 dias.

5) No que diz respeito ao trabalho temporário, assinale a alternativa correta:
   a. O empregado temporário tem direito ao pagamento de férias proporcionais, mas apenas no caso de dispensa sem justa causa.
   b. O empregado temporário tem direito ao pagamento de férias proporcionais, no caso de dispensa sem justa causa, ou no caso do término normal do contrato temporário de trabalho.
   c. O contrato temporário é realizado exclusivamente entre o empregado e a empresa tomadora de serviços.
   d. O contrato temporário somente poderá ser concretizado em caso de substituição de trabalhadores.
   e. O empregado temporário tem direito à indenização por tempo de serviço apenas quando dispensado sem justa causa.
6) O contrato de trabalho temporário pode ser prestado a pessoa jurídica em qualquer situação?

Questão para reflexão

Quais são as consequências pelo descumprimento do contrato de experiência?

Para saber mais

Para saber mais sobre os temas apresentados neste capítulo, leia o texto e escute o arquivo de áudio sobre o que o Ministério Público do Trabalho tem a dizer sobre os tipos de contrato de trabalho, acessando o *site*:

TIPOS de contrato de trabalho. Disponível em: <http://www.pcdlegal.com.br/cartilhampt/convencional/capitulo4.php#.WBnzyuErK_A>. Acesso em: 3 dez. 2016.

IV

Direito individual do trabalho: remuneração e salário

Conteúdos do capítulo:

» Salário.
» Adicional de periculosidade.
» Adicional de insalubridade.
» Descontos salariais legais.
» Gratificações e 13º salário.

Após o estudo deste capítulo, você será capaz de:

1. Distinguir remuneração de salário.
2. Reconhecer os principais tipos de salário e suas diferenças.
3. Identificar os descontos salariais que o empregador pode realizar em relação ao trabalhador.

Remuneração e salário são termos distintos e não se confundem. O salário tem conceito mais restrito; compreende o pagamento feito diretamente pelo empregador ao empregado como contraprestação aos serviços prestados por este.

Barros (2010, p. 749) conceitua o salário como "a retribuição devida e paga diretamente pelo empregador ao empregado, de forma habitual, não só pelos serviços prestados, mas pelo fato de se encontrar à disposição daquele, por força do contrato de trabalho". Já a remuneração tem um conceito mais amplo. Compreende o pagamento tanto do salário quanto de outras verbas, as quais o trabalhador venha a receber em razão do trabalho realizado.

Aprofundaremos essa distinção e a aplicabilidade a seguir.

4.1 Salário

Certamente, você já sabe que todos os trabalhadores têm direito a receber salário, mas você sabe o que significa *salário*? Você sabe quais são as verbas que o compõem? O que o empregado da segurança privada deve receber como contraprestação do seu trabalho?

> O salário compreende o pagamento realizado diretamente pelo empregador ao empregado, como contraprestação aos serviços prestados por este.

Uma vez inserido em um contexto de vínculo de emprego, que tem como características a pessoalidade, a habitualidade e a onerosidade, o salário também tem características peculiares, destacando-se entre elas a essencialidade, a reciprocidade, a sucessividade e a periodicidade (Nascimento, 2010):

a. **Essencialidade** – O salário é, a um só tempo, essencial ao trabalhador para prover suas necessidades mínimas de subsistência, e à caracterização da relação de emprego, onerosa por natureza.

b. **Reciprocidade** – Há contraprestação pelos serviços prestados pelo trabalhador, e o empregado está à disposição do empregador.

c. **Sucessividade** – Trata-se de uma relação jurídica bilateral habitual, que se prolonga e transcorre ao longo do tempo.

d. **Periodicidade** – O salário, de acordo com a Consolidação das Leis do Trabalho (CLT), art. 459 (Brasil, 1943), deve ser pago periodicamente, em intervalos curtos de, no máximo, um mês, a fim de viabilizar ao empregado a sua subsistência e a de sua família.

Uma das formas de salário é o **salário base**, que corresponde ao valor de referência que o empregador se compromete a remunerar o trabalhador. Há também o **salário *in natura***, o adicional de periculosidade, as diferenças salariais decorrentes de equiparação e o adicional de insalubridade, entre outros. Trataremos a seguir de alguns desses tipos.

4.2 Salário *in natura* (salário indireto)

Além do pagamento realizado em dinheiro, são considerados salário os pagamentos realizados indireta e habitualmente pelo empregador ao empregado, a título de **alimentação, habitação, vestuário** ou **outras prestações *in natura***, seja por força do contrato ou do costume.

Exceção são as verbas destinadas ao trabalho – ou seja, para melhorar a qualidade ou garantir a execução do trabalho –, pois estas não têm natureza salarial. Um exemplo disso é o fornecimento de motocicleta ao empregado de segurança privada para a realização de rondas.

Barros (2010, p. 753) esclarece que se considera salário *in natura* aquelas verbas pagas e destinadas a

> *atender às necessidades individuais do trabalhador, de tal modo que, se não as recebesse, ele deveria despender parte de seu salário para adquiri-las. As utilidades salariais não se confundem com as que são fornecidas para melhor execução do trabalho. Estas equiparam-se a instrumentos de trabalho e, consequentemente, não têm feição salarial.*

Analisemos um exemplo: uma construtora paga alojamento para trabalhadores da cidade de Curitiba (PR) que estão trabalhando temporariamente em uma obra na cidade de Rondonópolis (MT). O alojamento, nesse caso, é um requisito para que os trabalhadores desenvolvam o trabalho em local diverso do de sua residência; portanto, não tem natureza de salário. Diferente é o caso do gerente contratado para trabalhar exclusivamente na cidade de São Paulo (SP), por exemplo, devendo ali firmar residência, e que tem o aluguel de sua casa pago pela empresa. Nesse caso, considerando-se que a locação do imóvel para o gerente não é essencial para o desenvolvimento de seus trabalhos, os valores pagos a título de aluguel fazem parte do salário do trabalhador, devendo produzir reflexos em férias, 13º salário, entre outras.

Para facilitar a compreensão, devemos fixar o seguinte: a **transferência definitiva** ocorre quando o trabalhador transferido não retornará à cidade de origem, e permanecerá na cidade de destino. Nesse caso, ele muda seu local de domicílio, juntamente com a sua família, tendo a intenção de se enraizar na nova localidade. Por exemplo, ao realizar a matrícula de seus filhos em uma nova escola, sua associação a clubes, entre outros aspectos. No caso de transferência temporária, no entanto, tendo deixado de existir a necessidade do empregador, o empregado será transferido novamente para a sua cidade de origem. Quando da **transferência temporária**, também conhecida como *provisória*, independentemente do tempo de duração, o trabalhador não tem o ânimo de se fixar definitivamente na nova localidade de trabalho. Tratando-se de transferência provisória, durante o período de transferência, o empregado tem direito à percepção de um adicional salarial no valor mínimo de 25%, conforme dispõe o parágrafo 3º do art. 469 da CLT (Brasil, 1943).

Em qualquer dos casos, todas as despesas decorrentes da transferência devem ser custeadas pelo empregador.

Merece destaque ainda a **alimentação**, na forma de **vale-alimentação** ou **vale-refeição**. Se fornecida pela empresa, em igual valor para todos os empregados, mediante coparticipação destes no custeio, e desde que esteja inscrita no Programa de Alimentação do Trabalhador (PAT) junto ao Ministério do Trabalho, os benefícios referentes à alimentação não têm natureza salarial.

4.3 Adicional de periculosidade

O adicional de periculosidade está previsto no art. 193 da CLT (Brasil, 1943), e será abordado de forma mais detalhada posteriormente. Desta feita, por ora, faremos apenas algumas observações.

O adicional de periculosidade é devido a todo empregado que trabalha em contato permanente com inflamáveis ou explosivos em condições de risco acentuado, bem como aos profissionais da segurança pessoal ou patrimonial e da energia elétrica, aos profissionais que trabalham utilizando motocicleta, e aos que laboram expostos a radiação.

A esses empregados, é garantido o pagamento de um **acréscimo salarial** correspondente a, no mínimo, 30%.

Devemos observar que, em casos de exposição eventual, e por tempo extremamente reduzido, o adicional de periculosidade não é devido, conforme preveem as Súmulas n. 361 e 364 do TST.

Para saber mais

As súmulas 361 e 364 do TST dispõem sobre o adicional de periculosidade, em que ocasiões o adicional é devido e se é pago em sua integralidade ou proporcionalidade:

> Súmula n. 361 do TST
>
> **Adicional de periculosidade. Eletricitários. Exposição intermitente (mantida) – Res. 121/2003, DJ 19, 20 e 21/11/2003**
>
> O trabalho exercido em condições perigosas, embora de forma intermitente, dá direito ao empregado a receber o adicional de periculosidade de forma integral, porque a Lei n. 7.369, de 20/09/1985, não estabeleceu nenhuma proporcionalidade em relação ao seu pagamento (Brasil, 2003d).
>
> Súmula n. 364 do TST
>
> **Adicional de periculosidade. Exposição eventual, permanente e intermitente (inserido o item II) – Res. 209/2016, DEJT divulgado em 1º, 02 e 03/06/2016**
>
> I – Tem direito ao adicional de periculosidade o empregado exposto permanentemente ou que, de forma intermitente, sujeita-se a condições de risco. Indevido, apenas,

quando o contato dá-se de forma eventual, assim considerado o fortuito, ou o que, sendo habitual, dá-se por tempo extremamente reduzido. (ex-OJs da SBDI-1 ns. 05 – inserida em 14/03/1994 – e 280 – DJ 11/08/2003)
II – Não é válida a cláusula de acordo ou convenção coletiva de trabalho fixando o adicional de periculosidade em percentual inferior ao estabelecido em lei e proporcional ao tempo de exposição ao risco, pois tal parcela constitui medida de higiene, saúde e segurança do trabalho, garantida por norma de ordem pública (arts. 7º, XXII e XXIII, da CF e 193, §1º, da CLT) (Brasil, 2016d).

4.4 Adicional de insalubridade

Também versaremos sobre adicional de insalubridade mais adiante, no entanto, podemos adiantar algumas de suas peculiaridades.

O referido adicional é devido ao empregado que exerce atividades em contato com agentes nocivos à saúde (agentes químicos, físicos ou biológicos).

O Ministério do Trabalho define Normas Regulamentadoras (NRs); dessa forma, quando não classificada pelo MTPS a atividade laboral do empregado, não é devido a ele o pagamento do adicional de insalubridade.

Ao empregado que labora em atividades insalubres, é garantido o pagamento de um **acréscimo salarial**, o qual pode ser de 10%, 20% ou 40%, valores calculados com base no salário mínimo federal.

A fixação do percentual para o pagamento do adicional de insalubridade depende da avaliação do grau de riscos a que a atividade exercida expõe a saúde do empregado.

É importante lembrarmos que, caso o empregador forneça **equipamento de proteção individual** (EPI) e esse equipamento seja suficiente para elidir os agentes nocivos, o adicional de insalubridade recebido pelo empregador pode ser cessado.

4.5 Descontos no salário

Nas relações de trabalho, prevalece o princípio da **intangibilidade salarial**, ou seja, não é permitido ao empregador realizar qualquer desconto sobre o salário do trabalhador.

Entretanto, como outros princípios, a intangibilidade não é absoluta; ou seja, podem ser efetuados descontos em casos permitidos por lei, ou em situações que tenham sido autorizadas pelo empregado.

Cabe perguntar, então: Quais são os descontos legalmente autorizados? A resposta a essa pergunta pode ser encontrada no art. 462 da CLT (Brasil, 1943). Trataremos disso nas seções seguintes.

4.5.1 Adiantamentos salariais e empréstimos

O **adiantamento salarial** é um dos descontos legalmente autorizados. Ele corresponde a uma determinada quantia que é disponibilizada ao empregado em caráter de antecipação, empréstimo, financiamento ou operação de arrendamento mercantil, durante o contrato de trabalho.

Em se tratando de **empréstimo, financiamento** ou **operação de arrendamento**, para que seja efetuado o desconto no holerite do empregado, é necessário que o empregador disponha de uma autorização escrita e assinada por aquele, sob pena de ter de devolver os valores indevidamente descontados.

Merece nosso destaque a Lei n. 10.820, de 17 de dezembro de 2003 (Brasil, 2003b), que autoriza o empregador a descontar até 30% do salário do empregado, para adimplência de empréstimos, podendo ser descontado esse percentual inclusive das verbas rescisórias. Contudo, não é admissível a cobrança de juros, nem é permitido desconto rescisório superior a 30% das verbas rescisórias.

4.5.2 Contribuição para o sindicato

A **contribuição sindical obrigatória** corresponde ao desconto anual no valor equivalente a um dia de trabalho do empregado, devendo ser feito o repasse para o sindicato dos trabalhadores da categoria profissional que o representa. Essa é a única contribuição obrigatória para o empregado, e é devida independentemente de sindicalização. Tal desconto ocorre no mês de março.

Todavia, é comum que os sindicados dos trabalhadores, em conjunto com o sindicato dos empregadores, estabeleçam, por meio de convenção coletiva do trabalho, outros descontos deverão ser realizados em folha de pagamento repassados aos sindicatos. Como exemplo, podemos citar as contribuições assistenciais e as contribuições federativas, entre outros nomes comumente utilizados. É preciso estar atento para isso, pois essas contribuições são devidas exclusivamente pelos trabalhadores filiados aos sindicatos de suas categorias. Ainda, mesmo que previstos em uma norma coletiva, em razão do princípio da intangibilidade salarial, os tribunais têm entendido que o empregador não pode efetuar os descontos em folha sem que tenha a prévia autorização escrita do empregado.

4.5.3 Pensão alimentícia

O desconto realizado em razão da **pensão alimentícia** é lícito, mas somente pode ser realizado por determinação judicial e no percentual determinado pelo Poder Judiciário.

4.5.4 Descontos por faltas injustificadas e suspensão disciplinar

Neste caso, é lícito ao empregador descontar o valor integral dos dias que o empregado faltar sem justificar sua ausência, assim como em virtude de suspensão disciplinar.

Devemos frisar que, se não há trabalho, não há a obrigatoriedade do pagamento de salário. No entanto, há exceções no caso de interrupção do contrato de trabalho, conforme disposto no art. 473 da CLT (Brasil, 1943).

> Art. 473 – O empregado poderá deixar de comparecer ao serviço sem prejuízo de salário:
>
> I – até 2 (dois) dias consecutivos, em caso de falecimento do cônjuge, ascendente, descendente, irmão ou pessoa que, declarada em sua carteira de trabalho e previdência social, viva sob sua dependência econômica;
>
> II – até 3 (três) dias consecutivos, em virtude de casamento;
>
> III – por um dia, em caso de nascimento de filho, no decorrer da primeira semana;
>
> IV – por um dia, em cada 12 (doze) meses de trabalho, em caso de doação voluntária de sangue devidamente comprovada;
>
> V – até 2 (dois) dias consecutivos ou não, para o fim de se alistar eleitor, nos termos da lei respectiva;
>
> VI – no período de tempo em que tiver de cumprir as exigências do serviço militar referidas na letra "c" do art. 65 da Lei n. 4.375, de 17 de agosto de 1964 (Lei do Serviço Militar);
>
> VII – nos dias em que estiver comprovadamente realizando provas de exame vestibular, para ingresso em estabelecimento de ensino superior;
>
> VIII – pelo tempo que se fizer necessário, quando tiver que comparecer a juízo;

> IX – pelo tempo que se fizer necessário, quando, na qualidade de representante de entidade sindical, estiver participando de reunião oficial de organismo internacional do qual o Brasil seja membro;
> X – até 2 (dois) dias para acompanhar consultas médicas e exames complementares durante o período de gravidez de sua esposa ou companheira;
> XI – por 1 (um) dia por ano para acompanhar filho de até 6 (seis) anos em consulta médica.

Nesses casos que descrevemos acima, apesar de o empregado suspender a prestação dos serviços, ele tem o direito de continuar a receber sua remuneração. Esclarecemos que em caso de atrasos ou faltas injustificadas, será lícito o desconto do repouso semanal remunerado.

4.5.5 Desconto com alimentação

Conforme parágrafo 3º do art. 458 da CLT (Brasil, 1943), o empregador pode descontar em folha de pagamento o importe de 20% referente à alimentação fornecida ao empregado urbano e 25% ao empregado rural.

Por se tratar de natureza salarial, esse desconto é lícito; caso o empregador seja filiado ao PAT, a referida verba não é considerada salário.

4.5.6 Vale-transporte

O empregado faz jus ao recebimento de **vale-transporte** para o deslocamento de sua residência até o trabalho, e vice-versa. Não há distância mínima exigida para configurar a necessidade ao pagamento do vale-transporte.

Para a solicitação ao pagamento do vale-transporte, o empregado deve apresentar por escrito ao seu empregador o seu endereço residencial, as linhas de transportes que abrangem o percurso de sua residência para o trabalho, e vice-versa, bem como o número de vezes que vai utilizar o vale transporte por dia.

Caso o empregado opte por receber o vale-transporte, o empregador pode realizar o desconto de até 6% do valor do salário contratual, conforme dispõe o art. 4º, parágrafo único, da Lei n. 7.418, de 16 de dezembro de 1985 (Brasil, 1985).

4.5.7 Descontos por danos causados ao empregador

É lícito ao empregador descontar do salário do empregado os danos causados por **dolo**, desde que essa cláusula conste no contrato de trabalho.

Destacam-se duas modalidades de dolo: dano culposo e dano doloso.

O **dano culposo** é aquele no qual o empregado não tem a intenção de prejudicar o empregador. Nesse caso, somente é possível o desconto quando acordado no contrato de trabalho. Tomemos o seguinte exemplo: um empregado quebra uma xícara que estava utilizando para tomar café no seu intervalo intrajornada (intervalo destinado à alimentação e repouso).

Já o **dano doloso** é aquele em que o empregado tem a intenção de prejudicar seu empregador. Nesse caso, independentemente de previsão no contrato de trabalho, o empregado pode sofrer descontos sem sua anuência. Citamos como exemplo o caso de um empregado que estava com raiva do seu superior hierárquico e, durante a jornada de trabalho, adentra a sala de seu chefe e joga o monitor do seu computador no chão.

Frisamos que os descontos descritos acima são devidos somente quando causam prejuízos financeiros ao empregador.

4.5.8 Descontos de saúde e previdência privada

O empregador pode descontar do empregado, mensalmente, desde que autorizado, quantias destinadas ao pagamento de plano de assistência odontológica, médico-hospitalar, seguro de previdência privada, entre outros, para benefício do próprio empregado ou de dependentes (CLT, art. 458, VI).

Síntese

Neste capítulo, explicitamos que:
» O **salário** é devido pela contraprestação dos serviços
» O **salário *in natura*** corresponde a pagamentos realizados indiretamente e de forma habitual, como é o caso do tíquete-alimentação e vestuário.
» O **adicional de periculosidade** é devido aos trabalhadores que exercem suas atividades expostos a agentes perigosos.
» O **adicional de insalubridade** é devido aos trabalhadores expostos a agentes insalubres, ou seja, que causam dano à sua saúde.
» Os descontos salariais permitidos por lei são:
  » **adiantamentos salariais**, pagamentos do salário fracionados ao longo do mês laborado;
  » **contribuições previdenciárias**, decorrentes de um dever legal;
  » **Imposto de Renda** (IR), quando o salário é superior à faixa de isenção;
  » **contribuições sindicais**, desconto do valor de um dia de trabalho do empregado, e que ocorre no mês de março;
  » **pensão alimentícia**, percentual a ser retido na folha de pagamento conforme determinação do Poder Judiciário;

- » **descontos por faltas injustificadas e suspensão disciplinar**, que ocorrem quando o empregado demonstra desídia pelo emprego;
- » **descontos com alimentação** (caso o empregador seja filiado ao programa PAT, o vale-alimentação oferecido ao empregado não tem natureza salarial);
- » **vale-transporte** (o empregador pode reter no máximo 6% do salário do empregado);
- » **descontos por danos causados ao empregador**, desde que conste expressamente no contrato de trabalho que o empregado sofrerá descontos em seu salário decorrentes de tais prejuízos patrimoniais;
- » **desconto do descanso semanal remunerado (DSR)**, em razão de faltas ou atrasos injustificados;
- » **descontos referentes ao plano de saúde e à previdência privada**, desde que autorizados pelo empregado por escrito.

Perguntas & respostas

É ilícito ao empregador descontar da remuneração do empregado a mensalidade do plano odontológico e médico?
Resposta: Falso. O empregador tem legitimidade para reter o valor mensal devido pelo empregado ao convênio médico-hospitalar e odontológico, desde que tenha sido expressamente autorizado por este.

Questões para revisão

1) Em que mês o desconto da contribuição sindical é realizado em qual mês?
   a. Abril.
   b. Maio.
   c. Março.
   d. Junho.
   e. Fevereiro.

2) Qual é o percentual descontado no salário do empregado quando este opta pelo vale-transporte?
   a. 3%.
   b. 2%.
   c. 8%.
   d. 6%.
   e. 7%.

3) A respeito das faltas justificadas legalmente, classifique as afirmativas a seguir em verdadeiras (V) ou falsas (F):
   ( ) O empregado pode faltar até 2 dias consecutivos em virtude do falecimento de cônjuge, ascendente, descendente, irmão ou pessoa que, declarada em sua CTPS, viva sob sua dependência econômica.
   ( ) O empregado pode faltar até 2 dias consecutivos em razão de casamento.
   ( ) O empregado pode faltar até 4 dias em caso de nascimento de filho, no decorrer da primeira semana.
   ( ) O empregado pode faltar por 1 dia, em cada 12 meses de trabalho, em caso de doação voluntária de sangue devidamente comprovada.

A sequência correta de preenchimento dos parênteses é:
a. F, F, V, V.
b. V, F, F, V.
c. F, V, F, V.
d. V, V, F, F.
e. V, F, V, F.

4) Sobre os adicionais de periculosidade e insalubridade, é correto afirmar:

a. O adicional de periculosidade é variável entre 10% e 20%, e não há necessidade de anotação do referido adicional na CTPS do empregado.

b. O adicional de insalubridade é fixo em 40% e deve ser anotado na CTPS do empregado.

c. O adicional de periculosidade é fixo no percentual de 30% e deve ser anotado na CTPS do empregado.

d. O adicional de insalubridade é devido ao empregador que exerce atividades com inflamáveis ou explosivos em condições de risco acentuado.

e. O percentual para o pagamento do adicional de insalubridade independe do grau de risco a que o empregado se submete.

5) A respeito dos descontos salariais, assinale a alternativa correta:

a. O empregador não pode, em caso algum, descontar no salário os danos causados pelo empregado.

b. O empregador pode descontar no salário do empregado, desde que autorizado pelo empregado, a mensalidade do plano de saúde e odontológico.

c. O empregado tem direito ao recebimento do vale-transporte, desde que a distância entre sua residência e o local de trabalho seja superior a 15 quilômetros.
d. O empregador não pode descontar a contribuição privada do empregado, mesmo com a sua anuência.
e. Em caso de empréstimo, o empregador pode cobrar juros do empregado e fazer desconto em folha.

6) A contribuição sindical é devida por qualquer empregado, ou somente pelos sindicalizados?

7) O valor pago a título de vale-alimentação pode ser considerado verba salarial? Justifique sua resposta.

Questão para reflexão

O vale-transporte pode ser recusado pelo empregado?

Para saber mais

Você sabia que o empregado que trabalha pilotando motocicletas também tem direito ao adicional de periculosidade?
Saiba mais em:
PRAXEDES, R. *Aprovado:* motoboys possuem direito a adicional de periculosidade. 20 jun. 2014. Disponível em: <http://www.direitodoempregado.com/aprovado-motoboys-possuem-direito-adicional-de-periculosidade/>. Acesso em: 6 dez. 2016.

V

Proteção ao trabalho da mulher e dos portadores de deficiência

Conteúdos do capítulo:

» Jornada de trabalho.
» Intervalo concedido à empregada, conforme previsto no art. 384 da CLT.
» Vedação à revista íntima.
» Proteção da maternidade.

Após o estudo deste capítulo, você será capaz de:

1. Compreender que homens e mulheres podem exercer as mesmas atividades laborais.
2. Entender que a revista intima ofende a dignidade da empregada, o que torna essa prática proibida nas relações empregatícias.

As mulheres estão inseridas no mercado de trabalho por causa do crescimento econômico, da necessidade financeira e, para muitas, para a realização profissional. Com isso, surgiu a **proteção ao trabalho da mulher**, visando a garantir sua dignidade e privacidade no ambiente de trabalho.

5.1 Peculiaridades do trabalho da mulher

A Consolidação das Leis do Trabalho (CLT) destaca um capítulo para assegurar os direitos trabalhistas da mulher, o qual está disciplinado como as Normas de Proteção do Trabalho da Mulher, entre os arts. 372 e 401 (Brasil, 1943).

Podemos dizer, em um primeiro momento, que todos os direitos reservados ao homem, também são aplicados nas relações empregatícias entre o empregador e as empregadas. Esses direitos são: jornada de trabalho de 8 horas diárias e 44 horas semanais; intervalo intrajornada de, no mínimo, 1 hora; intervalo interjornada de, no mínimo, 11 horas consecutivas entre uma jornada e outra; adicional noturno; horas extras em caso de trabalho extraordinário acrescido do percentual nunca inferior a 50%; adicionais de periculosidade e insalubridade; salário *in natura*; e descanso semanal remunerado (DSR).

Há, porém, algumas diferenças que se destacam no ambiente de trabalho entre homem e mulher, tais como:

» É proibido exigir da mulher o emprego de força muscular superior a 20 kg para o trabalho continuo, ou 25 kg para o trabalho ocasional, salvo a utilização de aparelhos mecânicos. Para o homem, essa vedação corresponde a 60 kg, o peso máximo que um empregado pode remover individualmente (CLT, art. 390 – Brasil, 1943).

» É proibido ao empregador exigir da empregada atestado ou exame, de qualquer natureza, para comprovação de esterilidade ou gravidez. (CLT, 373-A, IV – Brasil, 1943)

» O art. 384 da CLT dispõe que, entre o fim da jornada normal de trabalho e as horas extras prestadas pela empregada, o empregador deve conceder um intervalo mínimo de 15 minutos para repouso; porém, esse intervalo não é devido ao empregado do sexo masculino.

Existem posicionamentos jurisprudenciais diversos quanto à aplicabilidade desse intervalo de 15 minutos, pois sua aplicação ensejaria discriminação entre os sexos feminino e masculino; porém, devemos lembrar que o legislador, quando da promulgação da Constituição Federal de 1988, disciplinou que homens e mulheres são iguais perante a lei, ressalvadas suas diferenças.

As mulheres estão inseridas de forma definitiva no mercado de trabalho, independentemente do ramo da empresa: assim, há mulheres que trabalham como secretárias, médicas, professoras, engenheiras, advogadas, vigilantes e bancárias, entre outras profissões.

As medidas antidiscriminatórias disciplinadas nas Normas de Proteção do Trabalho da Mulher da CLT, têm o objetivo de resguardar o trabalho feminino perante a sociedade, assegurando que todas as mulheres têm competência para exercer as mesmas atividades que os homens. Caso contrário, no ato da contratação de uma empregada, o empregador poderia se valer de artifícios para barrar tal contratação.

Lembremos que todos são iguais perante a lei, e que o **princípio da isonomia** consiste em tratar todos da mesma maneira, ressalvando suas peculiaridades.

Tanto a mulher quanto o homem têm o direito de receber a contraprestação pelo seu labor, sendo vedado ao empregador reter parte ou a integralidade do salário, a não ser para abatimentos dos descontos salariais permitidos por lei ou autorizados pela empregada, conforme explicamos no capítulo anterior (*Direito individual do trabalho: remuneração e salário*).

É importante frisarmos que a empregada gestante tem estabilidade provisória no emprego desde a concepção da criança, e não apenas após o parto (CF, art. 10, II, *b*, do ADCT – Brasil, 1988). Essa estabilidade provisória é garantida tanto para a empregada por contrato indeterminado, quanto para a empregada que está laborando por prazo determinado, por trabalho temporário e contrato de experiência.

É importante salientarmos que, caso o empregador dispense a empregada sem justa causa, mesmo não tendo conhecimento do seu estado gravídico, esta pode ingressar com ação reclamatória trabalhista a fim de ensejar sua reintegração ao emprego, em virtude de ter estabilidade provisória. De acordo com a Súmula n. 244, do Tribunal Superior do Trabalho (TST), caso não seja possível sua integração, ou o ambiente de trabalho tenha se tornado insuportável, a empregada pode fazer jus ao recebimento dos salários devidos desde a sua dispensa até 120 dias após o parto. (Brasil, 2012d).

A empregada também tem direito, após o parto, a 120 dias de **licença-maternidade**; esse prazo foi estendido à empregada que adotar ou obtiver a guarda para adoção de menor, nos termos do art. 392-A da CLT (Brasil, 1943). A licença-maternidade tem como finalidade estreitar a relação entre mãe e filho.

Após a licença-maternidade, a empregada que retorna ao trabalho tem direito a dois descansos por dia, de 30 minutos cada, no período de 6 meses, para amamentação de seu filho (CLT, art. 396 – Brasil, 1943). Caso haja recusa do empregador à concessão desse intervalo, a empregada pode requerer a rescisão contratual e uma indenização por danos morais, haja vista o descumprimento por parte do empregador em face de suas obrigações contratuais.

O **salário-maternidade** é pago pela empresa e posteriormente é compensado quando do recolhimento das contribuições, conforme previsto no art. 72, parágrafo 1º, da Lei n. 8.213, de 24 de junho de 1991 (Brasil, 1991).

Por fim, um tema que tem sido muito debatido nas relações de emprego é a **revista íntima**, a qual é proibida, tanto nas empresas públicas, quanto nas empresas privadas. A CLT, em seu art. 373-A, inciso VI, dispõe que é vedado "proceder o empregador ou preposto a revistas íntimas nas empregadas ou funcionárias" (Brasil, 1943).

Esse dispositivo tem como objetivo zelar pela dignidade da empregada, pois a conduta de revistar a trabalhadora é vexatória e causa constrangimentos de natureza pessoal.

Tendo em vista o **princípio da isonomia nas relações de trabalho**, é necessário esclarecermos que essa proibição da revista íntima se estende ao empregado homem, haja vista que a referida conduta do empregador também afronta a dignidade do trabalhador, tanto quanto da trabalhadora.

Precisamos ressaltar que, quando se menciona a revista íntima, não se está restrito ao contato físico, pois essa revista também se configura quando o empregador verifica bolsas, mochilas e porta-malas do carro de seus empregados, após a jornada de trabalho.

É comum que grandes empresas realizem revistas nas bolsas de seus empregados, alegando fiscalização, desde que não haja contato físico com o empregado. A esse respeito, entendemos ser interessante analisar a jurisprudência a seguir:

> **Dano moral. Revista a bolsas e sacolas. Ausência de direcionamento, exposição do corpo e contato físico. Indenização indevida.** O ordenamento jurídico pátrio veda a revista íntima dos empregados, nos termos do art. 373-A, VI, da CLT. Todavia, não impede que o empregador, utilizando-se do seu poder hierárquico, reviste bolsas e sacolas dos funcionários, desde que de forma generalizada e com moderação. Essas revistas, por si sós, não são aptas a gerar abalo moral, não sendo indenizáveis nos termos dos art. 5°, V e X, da CF, 186 e 927 do Código Civil. Sentença mantida. (Brasil, 2016b)

Assim, a revista íntima é aceita pelo ordenamento jurídico, tendo em vista que o empregador se utiliza do seu poder hierárquico para proteger seu patrimônio. Entretanto, nessa atitude é vedado o contato físico e, da mesma forma, o empregado não pode ser constrangido perante os demais funcionários; caso contrário, fica configurado dano moral e, consequentemente, indenização por tais danos será devida pela situação vexatória.

5.2 Direito do Trabalho e inclusão dos portadores de deficiência

O Direito do Trabalho é aplicado a todas as pessoas, independentemente de serem homens, mulheres, menores aprendizes, adolescentes ou pessoas portadoras de deficiência.

Analisando o atual mercado de trabalho, constatamos que muitas empresas cumprem corretamente o disposto no art. 93 da Lei n. 8.213/1991, que estabelece que as empresas devem ter em seu quadro de empregados determinado percentual de pessoas com deficiência (PCD) ou beneficiário reabilitado.

Assim, as empresas devem observar que, em seu quadro de empregados, deve constar o percentual de 2% a 5% de PCDs a depender do número total de empregados. Observe a Tabela 5.1, a seguir.

Tabela 5.1 – Cotas de pessoas com deficiência (PCD)

Número total de empregados	Percentual de PCDs empregadas
100-200	2%
201-500	3%
501-1.000	4%
1.001 ou mais	5%

Fonte: Elaborado com base em Brasil, 1991.

Vale lembrarmos que o empregado portador de deficiência é tão capaz quanto os outros empregados, e o empregador deve zelar pelo respeito entre os empregados e seus superiores hierárquicos.

Sabendo que o empregado portador de deficiência tem dificuldades para ser inserido no mercado de trabalho, o empregador que dispensar esse empregado sem justa causa deve contratar outro empregado nas mesmas condições ou beneficiário reabilitado; caso contrário, o empregado dispensado pode requerer judicialmente a sua reintegração ao emprego (Lei n. 13.146, de 6 de julho de 2015, art. 93, §1º – Brasil, 2015a).

A seguir, apresentamos um julgamento para assimilar o conteúdo:

> Deficiente físico – Dispensa e substituição por outro empregado nas mesmas condições – Cumprimento do art. 93, caput e parágrafo 1º da lei n. 8.213/91 – Reintegração incabível. O caput do art. 93 da Lei n. 8.213/91 prevê que 'a empresa com 100 (cem) ou mais empregados está obrigada a preencher de 2% (dois por cento) a 5% (cinco por cento) dos seus cargos com beneficiários reabilitados ou pessoas portadoras de deficiência,

> habilitadas'. O parágrafo 1° desse dispositivo trouxe um limite objetivo ao poder potestativo do empregador, estabelecendo que 'a dispensa de trabalhador reabilitado ou de deficiente habilitado ao final de contrato por prazo determinado de mais de 90 (noventa) dias, e a imotivada, no contrato por prazo indeterminado, só poderá ocorrer após a contratação de substituto de condição semelhante'. Neste diapasão, tem-se que, em que pese a proteção encartada no art. supra transcrito, não há ilegalidade na dispensa se o empregado é substituído por outro com as mesmas características, ou seja, reabilitado ou deficiente habilitado. Seguindo essa linha, o que está em voga não é a questão da substituição em si, pelo contrário, a *ratio legis* do preceito legal é manter a cota mínima para essa espécie de empregados, independente do cargo que ocupem, porém, por óbvio, respeitando suas aptidões físicas. Trata-se de limitação ao direito potestativo de despedir, motivo pelo qual, uma vez cumprida a exigência legal, incabível a reintegração no emprego. Recurso do Autor a que se nega provimento (Brasil, 2011b).

Com isso, podemos verificar que o empregador pode dispensar qualquer empregado. Contudo, no caso do trabalhador portador de deficiência ou beneficiário reabilitado, o empregador deve contratar um empregado nas mesmas condições que o que irá dispensar, sob pena de, posteriormente, ter de reintegrar o empregado por determinação judicial.

Síntese

Neste capítulo, comentamos que:
> » As mulheres têm os mesmos direitos que os homens no que se refere à relação de emprego.

> » Antes de iniciar o trabalho em regime de horas extras, a mulher tem direito ao intervalo de descanso de 15 minutos.
> » É vedado ao empregador realizar revista íntima dos empregados.
> » É vedada a demissão sem justa causa da empregada gestante, desde a concepção até o quinto mês após a gestação.
> » A empregada gestante tem direito ao gozo de 120 dias de licença-maternidade remunerada.
> » Todas as empresas com mais de 100 empregados devem contratar um número mínimo de trabalhadores portadores de deficiência.
> » O trabalhador portador de deficiência não pode ser dispensado sem que outro trabalhador portador de deficiência tenha sido contratado para substituí-lo.

Perguntas & respostas

A empregada pode sofrer revista íntima após encerrar sua jornada de trabalho?
Resposta: Não, os empregados em geral não podem ser revistados para adentrarem seus locais de trabalho ou ao deixarem suas atividades e se dirigirem para a saída do local de trabalho.

Questões para revisão

1) Quantas horas por dia a empregada pode trabalhar?
   a. Nove.
   b. Oito.
   c. Dez.

d. Sete.
e. Cinco.

2) A empregada gestante tem estabilidade provisória:
   a. desde a concepção da criança.
   b. após 5 meses de gestação.
   c. após 3 meses de gestação.
   d. após o parto.
   e. após 7 meses de gestação.

3) A respeito dos direitos da mulher trabalhadora assinale a alternativa correta:
   a. A empregada pode sofrer revista intima.
   b. O empregado pode sofrer revista intima.
   c. A empregada que realizar horas extras tem direito ao adicional de 50%, calculado sobre a hora normal trabalhada.
   d. A empregada pode carregar peso superior a 30 kg.
   e. Após o parto, a empregada tem direito a 150 dias de licença-maternidade.

4) Leia as afirmativas a seguir e classifique-as como verdadeiras (V) ou falsas (F):
   ( ) A empregada que retorna da licença-maternidade tem direito a 2 descansos de 30 minutos para amamentar o seu filho, durante 1 ano.
   ( ) A empregada gestante tem estabilidade provisória desde a concepção.
   ( ) A empregada que retorna da licença-maternidade tem direito a 2 descansos de 30 para amamentar o seu filho, durante 6 meses.
   ( ) A empregada que adota uma criança tem direito à licença-maternidade.
   ( ) A empregada que adota uma criança tem direito a 1 semana de licença para adaptação do menor.

A sequência correta de preenchimento dos parênteses é:
a. V, F, F,, F, V.
b. F, V, F, V, V.
c. V, F, F, V, F.
d. F, V, V, V, F.
e. V, F, V, F, F.

5) Assinale a alternativa incorreta:
   a. A empregada não pode carregar peso superior a 20 quilos para trabalho contínuo, ou 25 quilos para trabalho ocasional.
   b. O salário-maternidade é pago pela empresa e, posteriormente, é compensado quando do recolhimento das contribuições da empregada.
   c. A revista íntima também se configura quando o empregador verifica bolsas e mochilas, por exemplo.
   d. A empregada tem direito a um intervalo de 15 minutos entre a jornada normal e o trabalho extraordinário.
   e. O empregado tem direito a um intervalo de 15 minutos entre a jornada normal e o trabalho extraordinário.

6) A empregada, após retornar da licença-maternidade ao trabalho tem direito apenas a descanso de 30 minutos para amamentação?

7) O empregado portador de deficiência pode ser dispensado sem justa causa? Quais são os critérios que deverão ser respeitados pelo empregador quando dessa dispensa?

Questões para reflexão

1) A empregada gestante tem estabilidade somente nos contratos indeterminados?
2) Qual é a finalidade da licença-maternidade?

Para saber mais

Para saber mais sobre a luta e as conquistas das mulheres no mercado de trabalho, assista aos seguintes filmes:

COMO se fosse da família. Direção: Alice Riff e Luciano Onça. Brasil, 2013. 14 min.

HISTÓRIAS cruzadas. Direção: Tate Taylor. 2011. EUA/Índia/Emirados Árabes Unidos: Disney/Buena Vista, 2012. 146 min.

O SORRISO de Mona Lisa. Direção: Mike Newell. EUA: Columbia Pictures do Brasil, 2004. 119 min.

REVOLUÇÃO em Dagenham. Direção: Nigel Cole. Reino Unido: Sony Pictures, 2011. 113 min.

TERRA fria. Direção: Niki Caro. EUA: Warner Bros., 2006. 126 min.

VIROU o jogo: a história de Pintadas. Direção: Marcelo Villanova. Brasil, 2012. 26 min.

VI

Duração do trabalho e jornada de trabalho

Conteúdos do capítulo:

- » Jornada diária e semanal.
- » Formas de prorrogação da jornada.
- » Intervalo intrajornada e interjornada.
- » Horas *in itinere* e variação de horário.
- » Sobreaviso, prontidão e uso de *smartphone*.
- » Trabalho noturno.
- » Regime de banco de horas.
- » Regime de compensação de jornada.
- » Repouso semanal remunerado e feriados.
- » Regime 12 × 36.

Após o estudo deste capítulo, você será capaz de:

1. Distinguir duração de trabalho, jornada de trabalho e horário de trabalho.
2. Compreender os limites legais da jornada diária e semanal.
3. Reconhecer a validade ou a nulidade de um acordo de compensação ou banco de horas.
4. Identificar as causas ensejadoras do pagamento de horas extras.
5. Perceber as causas das nulidades nos acordos coletivos de trabalho de jornada.
6. Reconhecer os intervalos de descanso que não podem ser suprimidos pelo empregador.

Um aspecto relevante nas atividades do empregado da segurança privada está relacionado à **duração do trabalho**, que abordaremos neste capítulo.

O conceito de **jornada de trabalho** compreende o tempo que o empregado está à disposição do seu empregador, realizando as atividades delegadas a ele em conformidade com o contrato de trabalho.

A jornada de trabalho é um tema muito discutido, pois a sua fixação deve levar em consideração três critérios: o biológico, o social e o econômico.

Quando se faz referência ao **critério biológico**, deve-se observar a condição humana do empregado, sendo necessário atentar para as características físicas e biológicas do trabalhador.

O **critério social** tem como objetivo propiciar ao empregado o convívio em sociedade – por meio do emprego – e o convívio familiar, haja vista que o empregado não pode se distanciar de sua família por causa do emprego; assim, é primordial que o empregado tenha horários para lazer e realize atividades diversas de seu trabalho.

Por fim, o **fator econômico** é aquele que busca ao máximo o desenvolvimento do empregado na execução da atividade para a qual foi ele contratado.

Para Nascimento (2010), existe diferença entre as expressões *duração de trabalho*, *jornada de trabalho* e *horário de trabalho*.

A **duração de trabalho** corresponde ao período de tempo em que o empregado está efetivamente ou não executando o trabalho. A **jornada de trabalho** implica o período de tempo que o empregado disponibiliza ao seu empregador, aguardando suas orientações. Por sua vez, o **horário de trabalho** é aquele registrado em cartão ou folha de ponto, em que consta o início e o fim da atividade laboral.

6.1 Limites das jornadas diária e semanal de trabalho

Antes de comentarmos o que é **jornada de trabalho**, primeiramente temos de ter em mente o que é trabalho em turno fixo e trabalho em turno variável ou ininterrupto.

O **trabalho em turno fixo** ocorre quando o trabalhador tem um horário pré-estabelecido para entrar e sair do local de trabalho, e esses horários estão sempre no mesmo turno. Por exemplo, o empregado da segurança privada contratado para trabalhar das 8h às 18h: mesmo que chegue – ou saia – atrasado ou com antecedência, ele sempre inicia sua jornada no turno da manhã e encerrará suas atividades no turno da tarde. Quando não há variações nos turnos de entrada e saída, está caracterizado o trabalho em turno fixo.

O **trabalho em turno variável** ocorre quando o trabalhador tem um horário pré-estabelecido para entrar e sair do trabalho, mas esses horários variam de turno ao longo da semana, ou do mês. Por exemplo, o empregado da segurança privada que trabalha em escalas que variam entre dois ou mais turnos (manhã, tarde ou noite): às segundas e terças, ele trabalha das 8h às 18h; e às quartas, quintas e sextas, das 13h às 22h. Observe que, nesse caso, em dois dias da semana a sua jornada se inicia no turno da manhã, e nos demais, no turno da tarde. Fica caracterizado, portanto, o trabalho em turno de revezamento.

Compreendida essa diferença, cabe fazermos o seguinte questionamento: Qual é a duração máxima do trabalho em cada um dos regimes de jornada?

6.1.1 Jornada de trabalho em regime de turno fixo

A Constituição Federal (CF), no seu art. 7º, inciso XIII, delimita a jornada de trabalho em 8 horas diárias, ao passo que o limite semanal não deve ultrapassar 44 horas para os trabalhadores que exercem suas atividades em turno fixo de trabalho (Brasil, 1988).

O art. 58, *caput*, da Consolidação das Leis do Trabalho (CLT), determina que a duração normal do trabalho não pode ser superior a 8 horas diárias (Brasil, 1943).

Assim, existem dois limites legais para a jornada de trabalho: o limite diário de 8 horas, e o limite semanal de 44 horas.

Caso não sejam observadas as premissas da jornada de trabalho, via de regra, cabe ao empregador o pagamento de horas extraordinárias ao empregado.

O pagamento de horas extras se aplica a todos os trabalhadores que exercem suas atividades em turno fixo de trabalho, ou seja, que diariamente entram e saem do seu posto de trabalho em um mesmo horário.

As exceções a essa regra serão apresentadas nas seções seguintes.

6.1.2 Jornada de trabalho e regime de turno ininterrupto de revezamento

Como vimos, o trabalho em regime de turno ininterrupto de revezamento se caracteriza como um "sistema de trabalho que coloque o empregado, alternativamente, em cada semana, quinzena ou mês, em contato com as diversas fases do dia ou da noite" (Delgado, 2010, p. 820).

A CF de 1988, em seu art. 7º, inciso XIV, estabelece que a jornada máxima diária dos trabalhadores que exercem atividades em regime de turno ininterrupto de revezamento deve ser de 6 horas diárias e, consequentemente, 36 horas semanais.

O revezamento em turnos, periódico e constante, atinge brutalmente o relógio biológico do trabalhador, pois não lhe permite a adaptação a ritmos cadenciados estáveis, servindo a garantia constitucional da jornada reduzida para minimizar esse impacto na saúde do empregado.

Conforme o entendimento traçado na Orientação Jurisprudencial (OJ) n. 360 da 1ª Turma da Seção de Dissídios Individuais do Tribunal Superior do Trabalho (SDI-I, TST – Brasil, 2008b), tem direito à jornada especial de trabalho prevista no art. 7º, inciso XIV da CF, o trabalhador que exerce suas atividades em sistema de alternância de turnos, ainda que em dois turnos de trabalho, que compreendam, no todo ou em parte, o horário diurno e o noturno. Isso porque esse empregado está submetido a alternância de horário prejudicial à saúde, sendo irrelevante que a atividade da empresa se desenvolva de forma ininterrupta. A CF prevê a possibilidade de se agrupar um determinado número de trabalhadores para exercerem o trabalho que não pode sofrer paralisação, onde a atividade empresarial é contínua e habitual; é o que ocorre em empresas de alimentos e montadoras, entre outras, por exemplo.

Em síntese, se o trabalhador exerce sua jornada alternando turnos de trabalho, ele tem direito à jornada reduzida de trabalho.

Para uma melhor compreensão, reflita sobre a seguinte situação: se, em uma semana, as atividades de um empregado iniciam, por exemplo, no turno das 7h, na semana seguinte, no turno das 15h, e na terceira semana retorna ao turno das 7h, variando-se assim a jornada de trabalho, o trabalhador tem direito à jornada reduzida de 6 horas.

No entanto, considerando que nenhum direito é absoluto, como mencionado anteriormente, aos empregados que trabalham em turnos de revezamento também é permitido, mediante acordo ou convenção coletiva, o aumento da jornada diária para 8 horas sem o pagamento de horas extras; porém, o acordo deve prever benefícios ao empregado como forma de contraprestação.

Devemos ressaltar que, se não houver essa previsão no acordo ou convenção coletiva do empregado, a empresa que aumentar sua jornada de trabalho fica obrigada a pagar como horas extras o período que ultrapassar a 6 horas diárias de labor.

6.1.3 Trabalho em regime de tempo parcial

Além da jornada em regime de tempo integral, assim consideradas as correspondentes 8 ou 6 horas diárias, também existe a possibilidade de o empregado/vigilante ser contratado para trabalhar em regime de tempo parcial.

A jornada de trabalho em regime de tempo parcial está disciplinada no art. 58-A da CLT, que a considera como aquela cuja duração não excede 25 horas semanais (Brasil, 1943).

Nesses casos, o salário a ser pago aos empregados sob regime de tempo parcial é proporcional à sua jornada, em relação aos empregados que cumprem, nas mesmas funções, tempo integral (CLT, art. 58-A, §1º – Brasil, 1943).

Por se tratar de uma duração especial de trabalho, é vedada a prestação de horas extraordinárias.

O salário do empregado que trabalha em tempo parcial deve ser proporcional ao trabalho realizado, com o objetivo de evitar o enriquecimento ilícito do empregador, bem como para se aplicar o princípio da isonomia.

O empregado que trabalha em regime de tempo parcial tem direito a usufruir de férias anuais, nas seguintes proporções, conforme o art. 130-A da CLT:

> Art. 130-A. Na modalidade do regime de tempo parcial, após cada período de doze meses de vigência do contrato de trabalho, o empregado terá direito a férias, na seguinte proporção:
> I – dezoito dias, para a duração do trabalho semanal superior a vinte e duas horas, até vinte e cinco horas;
> II – dezesseis dias, para a duração do trabalho semanal superior a vinte horas, até vinte e duas horas;
> III – quatorze dias, para a duração do trabalho semanal superior a quinze horas, até vinte horas;
> IV – doze dias, para a duração do trabalho semanal superior a dez horas, até quinze horas;
> V – dez dias, para a duração do trabalho semanal superior a cinco horas, até dez horas;
> VI – oito dias, para a duração do trabalho semanal igual ou inferior a cinco horas.

Esclarecemos que o empregado contratado sob regime de tempo parcial que tiver mais de 7 faltas injustificadas ao longo do período aquisitivo tem o seu período de férias reduzido à metade.

Por fim, caso o empregador tenha a intenção de alterar o contrato de trabalho do empregado para que ele cumpra uma jornada de 8 horas diárias ou 44 horas semanais, deve ter a anuência do próprio empregado, assim como a anuência do sindicato da categoria profissional deste.

6.2 Variações de horários

Considerando que é praticamente impossível que todos os trabalhadores de uma empresa consigam bater o ponto no exato horário previsto para o início de jornada (p. ex.: às 8h em ponto), estabeleceu-se, por meio de lei, o que chamamos de *variações legais de horários*.

A variação de horário está disciplinada pela Lei n. 10.243, de 19 de junho de 2001, que acrescentou o parágrafo 1º ao art. 58 da CLT, segundo o qual "não serão descontadas nem computadas como jornada extraordinária as variações de horário no registro de ponto não excedentes de cinco minutos, observado o limite máximo de dez minutos diários" (Brasil, 2001).

Esses minutos que antecedem ou sucedem a jornada de trabalho fixada pelo empregador, e que geram **crédito** ao trabalhador, quando não ultrapassam 10 minutos, não precisam ser pagos como horas extras. Do mesmo modo, esses minutos que antecedem ou sucedem a jornada de trabalho fixada pelo empregador, quando geram **débito** ao trabalhador (decorrente de chegada em atraso e saídas antecipadas), quando não ultrapassam 10 minutos não podem ser descontadas do trabalhador (Brasil, 2015d).

Portanto, sem prejuízo ao empregado e ao empregador, a lei permite que ocorra uma pequena variação de até 5 minutos no registro de ponto nos horários de entrada e saída. Entretanto, reforçamos que essas variações (na entrada e na saída), quando somadas, não podem exceder 10 minutos.

6.3 Formas de prorrogação de jornada

Como comentamos anteriormente, a jornada de trabalho habitual é de 8 horas diárias ou 44 semanais, para os empregados urbanos e rurais, salvo para o empregado que trabalha em turno ininterrupto de revezamento, que labora 6 horas diárias. Todavia, essas jornadas podem ser prorrogadas, ou seja, aumentadas. Isso também pode ocorrer com o trabalhador vigilante.

Por isso, é interessante abordarmos as **formas legais de prorrogação da jornada de trabalho.**

6.3.1 Horas extras

A primeira forma de prorrogação de jornada é a realização de horas extras.

Considerando-se que nenhum direito é absoluto, em caso de eventual necessidade do empregador, a jornada de trabalho pode ser prorrogada em até 2 horas diárias. Em outras palavras, é permitida por lei (exceto nos casos de jornada especial, como o regime de 12 × 36) a realização de até 2 horas extras por dia (CLT, art. 59 – Brasil, 1943).

Isso significa que o empregado da segurança privada contratado para uma jornada com duração de 8 horas diárias ou 44 horas semanais pode ter sua jornada de trabalho aumentada em até 2 horas, totalizando uma jornada diária de até 10 horas. Da mesma forma, o empregado da segurança privada contratado para uma jornada com duração de 6 horas diárias e 36 horas semanais, também pode ter sua jornada de trabalho aumentada em até 2 horas, totalizando uma jornada diária de 8 horas.

> Essas horas trabalhadas além da jornada diária são conhecidas como **horas extras** ou **horas extraordinárias** e, salvo se houver acordo coletivo de jornada em contrário, devem ser pagas com **adicional de, no mínimo, 50%** sobre o valor da remuneração do trabalhador. Esse adicional pode ser maior, se acordado em convenção coletiva de trabalho.

6.3.2 Trabalho em regime de banco de horas

Também existe a possibilidade da realização de horas extras sem que seja necessário o pagamento do adicional de 50%. É o que ocorre nos casos de trabalho em regime de banco de horas.

Como afirmamos anteriormente, a jornada de trabalho pode ser prorrogada em até 2 horas diárias. Para que o empregador não precise pagar horas extras em razão dessa prorrogação da jornada de trabalho, é permitida, mediante intermediação do sindicato dos trabalhadores, a realização de um **acordo de banco de horas**, a fim de estabelecer um sistema de jornada com horários de trabalho flexíveis para as partes (CLT, art. 59, §2º – Brasil, 1943).

> **Importante!** O acordo de banco de horas somente tem validade se for firmado sob a chancela do sindicato dos trabalhadores. Além disso, se o trabalho for realizado em local insalubre, o acordo também depende da aprovação e da autorização do Ministério do Trabalho.

O **banco de horas** é um sistema de compensação, por meio do qual é permitido ao trabalhador e ao empregador prorrogarem ou reduzirem a jornada de trabalho sem descontos ou pagamento de horas extras. É um sistema de **horário flexível**, que visa a regulamentar e legitimar o excesso de jornada de um determinado dia de trabalho, em face do decréscimo proporcional de outro.

A flexibilização permite que a jornada de trabalho seja ampliada em até 2 horas diárias, ou reduzida conforme necessidade, de acordo com o art. 59, parágrafo 2º, da CLT (Brasil, 1943), gerando o crédito ou o débito das horas excedentes ou faltantes da jornada contratual (44 ou 36 horas semanais).

Nesse sistema, as horas-crédito acumuladas pelo empregado podem ser compensadas com a diminuição em outro dia, desde que não exceda a soma das jornadas semanais, no período de 12 meses (CLT, art. 59, §2º; Brasil, 1943).

Ao final do período de vigência do sistema de banco de horas – ou seja, 12 meses –, as horas-crédito que restam pendentes de compensação devem ser pagas ao trabalhador como horas extras, ou seja com o adicional de no mínimo 50%. Por outro lado, as horas-débito acumuladas pelo empregado e não complementadas no limite da jornada contratual no mesmo período de apuração podem ser descontadas dos vencimentos normais, em folha de pagamento.

A flexibilização não pode ocorrer nos períodos destinados à alimentação e ao repouso, de forma que o empregado deve utilizar nesses casos o período de, no mínimo, 1 hora.

A **compensação das horas**, no sistema flexível de crédito e débito, pode ser realizada diária ou cumulativamente, mediante a opção de cada empregado. Recomenda-se, todavia, que seja pré-acordada com sua chefia imediata, e comunicada previamente à empresa.

Merece destaque o fato de que, se não respeitado pelo empregador, tal acordo pode ser anulado pela Justiça do Trabalho. Após declarado nulo o acordo, o empregador deve pagar ao empregado, como horas extras – ou seja, com adicional mínimo de 50% – todas as horas trabalhadas ao longo do acordo que excedam os limites da jornada diária legal (Brasil, 2016c).

São exemplos de causas que anulam o acordo: não concessão de intervalo mínimo de 1 hora para almoço e descanso; jornada diária de trabalho com aumento superior a 2 horas diárias; não concessão de um dia para descanso a cada 6 dias trabalhados.

6.3.3 Trabalho em regime de compensação de jornada

Para que não seja necessário realizar o pagamento de horas extras em razão da prorrogação da jornada de trabalho, também é permitido ao empregado e ao empregador realizarem o chamado *acordo de compensação de jornada*.

Esse acordo pode ser firmado individualmente entre o empregado e o empregador – desde que não seja proibido por acordo coletivo (TST, Súmula n. 85, II – Brasil, 2016c), ou mediante a representação do sindicato da categoria profissional. Esse pacto deve ser ajustado por consentimento individual escrito, acordo coletivo ou convenção coletiva (TST, Súmula n. 85, I – Brasil, 2016c).

Esse tipo de conveção visa estabelecer um sistema no qual fica estipulado o acréscimo de jornada de um determinado dia, para que não seja necessária a realização de trabalho em outro. É possível, por exemplo, acordar o aumento da jornada de trabalho diária além da 8ª hora, para que não seja necessário realizar trabalhos aos sábados. Tal acordo visa a garantir o cumprimento da jornada semanal de 44 horas.

Esse tipo de flexibilização também não pode ocorrer no período destinado à alimentação e ao repouso, de forma que o empregado deve utilizar para isso o período de, no mínimo, 1 hora. E ainda, deve-se respeitar a prorrogação máxima de até 2 horas diárias sobre o limite de jornada diária legal (8 ou 6 horas).

Devemos salientar ainda o fato de que, se não respeitado pelo empregador, o pacto pode ser anulado pela Justiça do Trabalho. Todavia, nesse caso, o desrespeito não implica o pagamento das horas excedentes à jornada diária normal diária, se não for ultrapassada a jornada máxima semanal. É, portanto, devido ao trabalhador apenas o pagamento do adicional de, no mínimo, 50% (TST, Súmula n. 85, III; Brasil, 2016c). No entanto, se desrespeitado o limite máximo de jornada semanal, ao ser declarado nulo o acordo, cabe ao empregador pagar ao empregado, como horas extras – ou seja, com adicional mínimo de 50% – todas as horas trabalhadas ao longo do acordo que excedam os limites da jornada semanal (TST, Súmula 85, IV; Brasil, 2016c).

São exemplos de causas que produzem a nulidade do acordo: realização de horas extras habituais; não concessão de intervalo mínimo de 1 hora para almoço e descanso; realização de jornada diária de trabalho com aumento superior a 2 horas diárias; não concessão de um dia para descanso a cada 6 dias trabalhados; entre outras.

6.3.4 Trabalho em jornada de 12 × 36

A jornada de trabalho em regime de 12 × 36 não está regulamentada, mas é aceita pela doutrina e pela jurisprudência e tem se mostrado como a mais comum no serviço de segurança patrimonial.

Nos termos da Súmula n. 444 do TST (Brasil, 2012e), essa jornada é válida e permitida para casos excepcionais, como ocorre, por exemplo, com os empregados da segurança privada e com os enfermeiros.

> **Súmula n. 444 do TST**
> **Jornada de trabalho. Norma coletiva. Lei. Escala de 12 por 36. Validade. – Res. 185/2012, DEJT divulgado em 25, 26 e27/09/2012 – republicada em decorrência do despacho proferido no processo TST-PA-504.280/2012.2 – DEJT divulgado em 26/11/2012**
> É válida, em caráter excepcional, a jornada de doze horas de trabalho por trinta e seis de descanso, prevista em lei ou ajustada exclusivamente mediante acordo coletivo de trabalho ou convenção coletiva de trabalho, assegurada a remuneração em dobro dos feriados trabalhados. O empregado não tem direito ao pagamento de adicional referente ao labor prestado na décima primeira e décima segunda horas (Brasil, 2012e).

Tal acordo, uma vez respeitado pelo empregador, também não enseja o pagamento de horas extras em razão das horas que excedem o limite legal diário.

Para que tal acordo seja considerado válido, deve constar obrigatoriamente de texto de lei, acordo ou convenção coletivos de trabalho firmados na presença do sindicato dos trabalhadores que represente a categoria profissional (TST, Súmula 444 – Brasil, 2012e).

Esse tipo de pacto visa estabelecer um sistema de jornada com horários de trabalho no qual o trabalhador exerce suas atividades com duração diária de 12 horas e, em compensação, goza de folga equivalente a 36 horas, perfazendo, ao longo de duas semanas, uma jornada média semanal de 44 horas.

Esse acordo prevê a compensação das horas trabalhadas em domingos, as quais não são consideradas extras. Todavia, não prevê o trabalho realizado em feriados, devendo, nessa ocorrência, as horas trabalhadas serem pagas com adicional mínimo de 100%.

Nesse tipo de flexibilização, também não pode ocorrer a supressão do intervalo destinado à alimentação e ao repouso. Portanto, sob pena de nulidade do acordo, deve ser concedido um período mínimo de 1 hora para alimentação e descanso ao trabalhador.

Além disso, nesse regime, é proibida a realização de horas extras além da 12ª hora de trabalho diário. Também é proibida a "dobra" de jornada, assim como o trabalho em regime de 12 × 12.

Se não respeitado pelo empregador, o acordo pode ser anulado pela Justiça do Trabalho, sendo devido ao trabalhador o pagamento como extras – ou seja, hora mais adicional mínimo de 50% – de todas as horas trabalhadas além da 8ª diária ou da 44ª semanal.

São exemplos de causas que produzem a nulidade do acordo: a realização de horas extras habituais; realização de "dobras" de jornada; não concessão de intervalo mínimo de 1 hora para almoço e descanso; não concessão de 36 horas de intervalo para repouso a cada 12 horas trabalhadas.

6.4 Empregados excluídos do controle de jornada

Apesar de a CLT fixar a jornada de trabalho, existem alguns empregados que são excluídos do controle de jornada, uma vez que exercem funções incompatíveis com a jornada habitual do trabalho. Esses trabalhadores não têm direito ao recebimento de horas extras. O art. 62 da CLT (Brasil, 1943) inclui nessa categoria:

a. os **empregados que exercem atividade externa**, desde que incompatível com a fixação ou controle de horário de trabalho.
b. os **gerentes**, assim considerados os exercentes de cargos de gestão, aos quais se equiparam, para efeito do disposto neste artigo,
c. os **diretores** e **chefes de departamento ou filial**.

Assim, aquele empregado que exerce atividade externa incompatível com a fixação de jornada não pode sofrer fiscalização de nenhuma maneira; porém, é imprescindível a anotação em sua Carteira de Trabalho e Previdência Social (CTPS) da função exercida, do salário, da admissão e da demissão.

Os empregados que exercem o cargo de gerente também não estão sujeitos ao controle da jornada, desde que tenham poderes de gestão, seja de forma tácita ou expressa, oral ou escrita. Assim sendo, o salário desses trabalhadores deve ser 40% superior ao de seus subordinados, conforme preceitua o art. 62, parágrafo único, da CLT (Brasil, 1943).

6.5 Períodos de descanso

Como já referimos, a fixação da jornada de trabalho revela-se importante, tendo em vista que, por meio dela, pode ser auferida a remuneração do trabalhador, a qual é fixada considerando-se o tempo em que ele trabalha ou está à disposição do empregador.

Também é importante para preservar a saúde do trabalhador, tendo em vista que o trabalho excessivo causa doenças profissionais. Logo, o controle da jornada diária e semanal do trabalhador constitui uma medida eficaz para reduzir a ocorrência de doenças profissionais e acidentes de trabalho.

O período de descanso é um importante meio para que o trabalhador seja capaz de, visando inclusive à sua saúde, gozar de momentos de lazer, do convívio com a família e amigos, e do convívio com a sociedade que o reconhece como ser humano.

Assim, a fixação e a limitação da jornada de trabalho têm um papel essencial para a salvaguarda dos direitos constitucionais e fundamentais à saúde, à higiene, à segurança, ao lazer, e à família, dispostos nos arts. 6º e 7º da CF de 1988.

Por isso, com o escopo de resguardar a incolumidade física e psíquica do trabalhador e aumentar a sua qualidade de vida, o Direito do Trabalho determina que, a cada determinado período, o empregado deve gozar de certos intervalos, conforme demonstraremos a seguir.

Tais garantias visam a evitar jornadas extenuantes que privem o trabalhador do convívio social e familiar, bem como da prática de lazer, de atividades culturais e estudos, entre outros.

Ainda sob o aspecto da **função social da propriedade privada**, devemos observar que o trabalho sem o gozo dos intervalos legais, além de aumentar o desemprego – pois menos trabalhadores são contratados – dificulta um contato maior do empregado com a família, com os estudos, com o lazer e com a sociedade.

Por essas razões, a legislação brasileira determina que todos os empregadores concedam aos empregados intervalos para descanso, repouso, lazer e alimentação e que permitam que deles usufruam. Nas seções seguintes apresentaremos esses intervalos.

6.5.1 Intervalo intrajornada

O intervalo intrajornada é o que ocorre dentro de uma jornada de trabalho. Este, segundo os julgados dos tribunais nacionais, tem sido o direito mais usurpado dos trabalhadores que realizam jornada em regime de 12 × 36.

O intervalo intrajornada está regulamentado no art. 71 da CLT (Brasil, 1943) e é aquele lapso de tempo destinado ao repouso e à alimentação do empregado ao longo da jornada de trabalho.

Seguem algumas regras específicas, previstas no referido artigo da CLT (Brasil, 1943): para o empregado que trabalha até 4 horas diárias, não há obrigatoriedade para a concessão de intervalo intrajornada.

Para o empregado que realiza uma jornada superior a 4 horas, mas inferior a 6 horas, é obrigatória a concessão de um intervalo mínimo de 15 minutos.

Por fim, para o empregado que trabalha em jornada superior a 6 horas diárias, seu intervalo intrajornada deve ser de, no mínimo, 1 hora e, no máximo, 2 horas.

O intervalo intrajornada destina-se à alimentação e ao repouso. Ele ajuda no combate à fadiga, ao estresse e ajuda a evitar acidentes de trabalho.

O intervalo intrajornada obrigatório não é computado na jornada de trabalho e também não é remunerado. Contudo, se o empregador optar pela concessão de outros intervalos não previstos em lei, estes devem ser computados na jornada de trabalho, isto é, ser considerados como tempo de trabalho, e devem ser remunerados como hora normal de trabalho. Além disso, se em razão desses intervalos espontâneos os limites diários da jornada do empregado forem ultrapassados, as horas excedentes deverão ser pagas como extraordinárias (TST, Súmula n. 118 – Brasil, 2003c).

Em caso de supressão, ou seja, de não concessão pelo empregador, ou do não gozo pelo empregado, o trabalhador tem direito de receber as horas destinadas ao intervalo como se fossem extraordinárias, ou seja, com adicional de 50%. Observe que, mesmo que a supressão do intervalo seja parcial – independentemente do período suprimido –, o empregador é obrigado a indenizar o empregado pelo período integral do repouso, ou seja, 1 hora acrescida de 50%, segundo o entendimento do TST. É o que diz a OJ n. 307 da SDI-1 do TST (Brasil, 2012b).

Além dos intervalos que mencionamos, em virtude da peculiaridade de algumas profissões, há leis que estabelecem a obrigatoriedade da concessão de outros intervalos aos trabalhadores, os quais devem ser computados na jornada de trabalho (Jorge Neto; Cavalcante, 2010). Podemos citar os seguintes exemplos: empregados que atuam no serviço permanente de mecanografia e digitação devem gozar de 10 minutos de intervalo a cada 90 minutos trabalhados; empregados que trabalham em câmaras frias devem gozar de 20 minutos de descanso para cada 1 hora e 40 minutos de trabalho; e os empregados que trabalham em minas e subsolo devem gozar de 15 minutos para cada 3 horas consecutivas de trabalho; entre outros.

6.5.2 Intervalo interjornada

Está previsto no art. 66 da CLT, o descanso obrigatório entre duas jornadas de trabalho. A duração do intervalo interjornada é de, pelo menos, 11 horas, pois tem como objetivo restabelecer a saúde do empregado (Brasil, 1943).

Assim, entre o término de um dia de trabalho e o início do dia subsequente, o empregador deve conceder obrigatoriamente ao trabalhador um intervalo mínimo de 11 horas consecutivas para repouso.

Ocorrendo a supressão desse intervalo, ou seja, não sendo gozado esse intervalo, é devido ao trabalhador o recebimento das horas suprimidas como extras, ou seja, com adicional mínimo de 50%.

Parte da jurisprudência – Tribunais do Trabalho brasileiros – entende que a supressão do intervalo interjornada confere ao trabalhador o direito de receber as horas suprimidas com adicional de 50%. Contudo, outra parte, como a 1ª Turma de Seção de Dissídio Individual do TST, entende que, sendo suprimido o intervalo interjornada, não apenas as horas suprimidas, mas as 11 horas de intervalo devidas devem ser pagas com adicional de 50% (Brasil, 2008a).

O trabalho diário sem a concessão correta do intervalo mínimo aumenta a probabilidade de acidentes, o que prejudica ambos os polos na relação laboral. Assim, uma vez identificada a infringência, entendemos que deve ocorrer o pagamento do período integral como extraordinário, e não somente os minutos ou horas suprimidos.

6.5.3 Descanso semanal remunerado (DSR)

Além dos períodos de descanso citados anteriormente, os empregados em geral, e obviamente, os da segurança privada, têm direito a um dia de descanso remunerado por semana.

O repouso semanal remunerado, previsto no art. 7º, inciso XV, da CF (Brasil, 1988), e no art. 67 da CLT (Brasil, 1943), consiste em um descanso remunerado correspondente a 24 horas, e deve ocorrer a cada 6 dias de trabalho e ser concedido preferencialmente aos domingos.

Nos termos do parágrafo único do art. 67 da CLT, "nos serviços que exijam trabalho aos domingos, com exceção quanto aos elencos teatrais, será estabelecida escala de revezamento, mensalmente organizada e constando de quadro sujeito à fiscalização" (Brasil, 1943). Dessa forma, consideramos que, nesses tipos de serviços, a cada sete semanas trabalhadas, em uma delas, obrigatoriamente, o descanso semanal de trabalho deve ocorrer em um domingo.

Para adquirir o direito ao repouso semanal remunerado, é necessário que o empregado seja assíduo, isto é, que não falte injustificadamente ao trabalho e nem mesmo chegue com atrasos ou saia antecipadamente. Caso isso aconteça de modo injustificado, ele pode perder o direito à remuneração do descanso semanal remunerado.

É importante salientarmos que as faltas ao trabalho decorrentes dos motivos previstos no art. 473 da CLT (Brasil, 1943) não ensejam a perda do direito ao descanso semanal remunerado. Como analisamos anteriormente, as chamadas *faltas legais* não acarretam desconto salarial ao trabalhador, conforme explicamos no Capítulo 4.

Em síntese, a cada 6 dias de trabalho, deve o empregador conceder ao empregado 1 dia de descanso remunerado, que, preferencialmente deve ocorrer aos domingos.

Dispõe o inciso XV do art. 7º da CF de 1988 que são direitos dos trabalhadores urbanos e rurais, além de outros que visem à melhoria de sua condição social, o repouso semanal remunerado, preferencialmente aos domingos (Brasil, 1988).

Ainda sobre o tema, o art. 67 da CLT dispõe que a cada 6 dias de trabalho efetivo corresponde 1 dia de descanso obrigatório, que deve coincidir preferencialmente com o domingo, salvo acordo escrito em contrário, no qual é expressamente estipulado o dia em que deve ocorrer o descanso.

Uma vez desrespeitada tal concessão, o trabalhador tem direito ao recebimento do dia trabalhado com adicional mínimo de 100% (TST, Súmula n. 146 – Brasil, 2003e).

6.6 Horas *in itinere*

O trabalhador, incluindo o empregado da segurança privada, caso exerça suas atividades em um local de difícil acesso e/ou não atendido por transporte público, tem direito ao recebimento de horas *in itinere*. Você sabe o que isso significa?

Consideram-se horas *in itinere* o tempo despendido pelo empregado para o deslocamento entre sua residência e seu local de

trabalho. O tempo gasto para locomoção, em regra, não integra a jornada de trabalho, salvo em dois casos:
1. local de trabalho de difícil acesso ou não servido por transporte regular público.
2. desde que, quando a empresa se localizar em um local de difícil acesso ou não servido por transporte público, o empregador fornecer de forma gratuita ou onerosa a condução.

Pelo teor da Súmula n. 90 do TST:

> I – O tempo despendido pelo empregado, em condução fornecida pelo empregador, até o local de trabalho de difícil acesso ou não servido por transporte público regular, e para o seu retorno, é computável na jornada de trabalho.
> II – A incompatibilidade entre os horários de início e término da jornada do empregado e os horários do transporte público regular é uma circunstância que também gera o direito às horas "in itinere".
> III – A mera insuficiência de transporte público não enseja o pagamento de horas "in itinere".
> IV – Se houver transporte público regular em parte do trajeto percorrido em condução da empresa, as horas "in itinere" remuneradas limitam-se ao trecho não alcançado pelo transporte público.
> V – Considerando que as horas "in itinere" são computáveis na jornada de trabalho, o tempo que extrapola a jornada legal é considerado como extraordinário e sobre ele deve incidir o adicional respectivo (Brasil, 2005b).

Vale ressaltarmos que a expressão *local de difícil acesso*, para o ordenamento jurídico, atinge a área rural, pois as áreas urbanas – como, por exemplo, as regiões metropolitanas –, têm transporte regular público e, o fato de o empregado despender mais horas em sua locomoção não é motivo que enseja o pagamento das horas *in itinere*.

Concluímos que, caso o local de trabalho do empregado da segurança privada seja em uma área de difícil acesso, ou o local – por causa da localização ou do horário de trabalho incompatível – não seja atendido por transporte público, o tempo que o vigilante levar para ir ao trabalho e para dele retornar deve ser considerado hora normal de trabalho – hora *in itinere*.

6.7 Sobreaviso, prontidão e uso de *smartphone*

Neste ponto, questionamos: Os vigilantes que trabalham nos chamados *plantões* têm algum direito? O que significa **sobreaviso** e **prontidão**? Quais são os direitos dos trabalhadores nessas situações? O **uso de telefone** que permanece com o empregado da segurança privada quando ele está de folga pode caracterizar tempo de trabalho ou plantão? A seguir, responderemos a essas e a outras perguntas.

Na legislação trabalhista brasileira, existem mais dois adicionais que podem ser de pagamento obrigatório pelo empregador; são eles: o **sobreaviso** e a **prontidão**.

O **sobreaviso** compreende o período em que o empregado está à disposição do empregador. Portanto, considera-se o sobreaviso a situação em que o trabalhador permanece em sua casa aguardando pelo chamado do empregador para o serviço, o que pode ocorrer a qualquer momento. Tal situação deve se dar por meio de comunicado do empregador mediante a fixação de escala pré-estabelecida (CLT, art. 244; Brasil, 1943). A escala de sobreaviso não deve exceder o limite de 24 horas; e o empregado recebe, por estar à disposição, 1/3 da hora normal. A **prontidão** se caracteriza quando o trabalhador está no local de trabalho aguardando ordens do empregador. Sua escala não pode ultrapassar 12 hora. Nesses casos, o empregado tem direito a receber salário correspondente a 2/3 do valor da hora normal (CLT, art. 244 – Brasil, 1943).

Para que o empregado receba os adicionais de prontidão e de sobreaviso, devemos observar o disposto no art. 244, parágrafos 2º e 3º da CLT (Brasil, 1943). Esse pagamento deve ocorrer quando da necessidade de se realizar serviços imprevistos ou para substituições de outros empregados que faltem à escala organizada.

> **Importante!**
> O uso de *smartphone* fornecido pelo empregador não caracteriza sobreaviso, pois é apenas um meio utilizado para a comunicação.

No entanto, se o empregado tiver um *smartphone* e estiver, mesmo a distância, sujeito ao controle do empregador, tal situação é considerada trabalho em regime de plantão ou equivalente, caracterizando-se assim o sobreaviso (CLT, art. 244, §2º; Brasil, 1943).

Esses adicionais não se aplicam aos trabalhadores que não estão sujeitos ao controle de jornada, como, por exemplo, os gerentes.

6.8 Trabalho noturno

Como funciona o trabalho realizado em horário noturno? Quais são os direitos do empregado da segurança privada nessa situação?

O **horário noturno** é aquele definido por lei, mas há uma diferenciação entre o empregado urbano e o empregado rural.

Tratando-se de trabalho urbano, considera-se noturno o trabalho executado entre as 22 horas de um dia e as 5 horas do dia seguinte. Para os trabalhadores rurais da agricultura, o horário noturno se inicia às 21 horas e encerra às 5 horas e, para os trabalhadores rurais da pecuária, inicia-se às 20 horas e se encerra às 4 horas (CLT, art. 73, §2º – Brasil, 1943). Às prorrogações do trabalho noturno, ou seja, para a jornada de trabalho que se estende para além das 5 horas da manhã, aplica-se a mesma regra do horário noturno.

Nos termos do art. 73 da CLT, salvo nos casos de revezamento semanal ou quinzenal, o trabalho noturno tem remuneração superior à do diurno e, para esse efeito, tal remuneração apresenta um acréscimo de, no mínimo, 20% sobre a hora diurna (Brasil, 1943).

Ainda, em razão de ser considerada mais penosa do que a realizada em horário diurno, a hora do trabalho noturno deve ser computada como 52 minutos e 30 segundos (CLT, art. 73, §1º – Brasil, 1943).

O **adicional noturno** tem natureza salarial, logo, se for pago ao empregado com habitualidade, irá integrar o salário, gerando reflexos. Destaca-se que o adicional noturno é calculado sobre a hora noturna e, portanto, não é calculado no descanso semanal remunerado.

O empregado pode ter sua jornada de trabalho alterada, ou seja, pode deixar de laborar no período noturno e passar a laborar em horário diurno; todavia, nesse caso, o adicional noturno será suprimido de sua remuneração.

Síntese

Neste capitulo, conseguimos aprofundar o estudo sobre a fixação da jornada de trabalho, que compreende o período de 8 horas diárias ou 44 semanais. Explicitamos que:

» O **turno ininterrupto de revezamento** é uma modalidade especial de jornada de trabalho, a qual deve ser de 6 horas diárias; e em cada dia, semana ou mês, o empregado labora no período manhã, tarde ou noite.

» Nas **formas de compensação de jornada**, mediante acordo escrito, individual ou coletivo, por até 2 horas extraordinárias por dia, o empregador deve acrescer 50% do salário-hora normal do empregado.

» O empregado não tem sua jornada de trabalho controlada pelo empregador quando: o empregado ocupa cargos de gerência e percebe acréscimo de 40% pela função desempenhada; o empregado exerce atividade externa incompatível com a fixação de horário de trabalho.

» Um assunto de suma importância para os empregados, que são os **intervalos** e os **adicionais**. O **intervalo intrajornada** é destinado ao repouso e à alimentação do empregado; o trabalhador que cumpre jornada de até 4 horas diárias não tem o benefício do intervalo; por sua vez, os empregados que laboram entre 4 horas e 6 horas diárias têm direito ao intervalo de 15 minutos; os empregados que laboram entre 6 e 8 horas diárias têm o direito a 1 hora de intervalo.

» O **intervalo interjornada** é aquele período de 11 horas de descanso entre uma jornada de trabalho e outra.

» O **adicional noturno** é devido a todo empregado urbano que labora no período das 22h às 5h do dia seguinte.

» O **adicional de sobreaviso** somente é devido ao empregado que permanece em sua residência aguardando o empregador entrar em contrato para prestar serviços, devendo ser acrescido 1/3 à remuneração do empregado.

» O **adicional de prontidão** corresponde à permanência do empregado nas dependências do empregador, fazendo jus ao pagamento de 2/3 sobre a hora normal da sua remuneração.

» As **horas *in itinere*** são computadas como horas extras à jornada do empregado, quando a empresa está localizada em local de difícil acesso ou não é servida por transporte público.

» A **compensação de horas** ocorre quando o empregado labora por até 2 horas além de sua jornada, podendo compensar essas horas extraordinárias em dias posteriores.

» O **descanso semanal remunerado** é devido a todos os empregados, desde que não faltem injustificadamente ao labor, assim como não se atrasem para cumprir sua jornada de trabalho.

Estudo de caso

Mariana labora 6 horas por dia na empresa Meu Sonho de Consumo Ltda. Em uma determinada segunda-feira, ela precisou estender sua jornada diária em uma hora. Quanto tempo Mariana deve ter de intervalo para alimentação e descanso?

Considerando a jornada habitual de 6 horas diárias, Mariana, deve gozar de 15 minutos de intervalo intrajornada. Todavia, considerando que, na referida segunda-feira, em virtude da prorrogação, Mariana precisou trabalhar por mais de 6 horas, o intervalo que deveria ter sido concedido pelo empregador era de, no mínimo, 1 hora.

Se esse intervalo não foi concedido, o empregador deve efetuar o pagamento de 1 hora do intervalo suprimido, acrescido de adicional mínimo de 50%.

Perguntas & respostas

O empregado contratado para jornada de trabalho em turno ininterrupto de revezamento pode realizar horas extras?
Resposta: Sim, aos empregados que trabalham em turnos de revezamento é permitido, mediante acordo ou convenção coletiva, o aumento da jornada diária para 8 horas sem

o pagamento de horas extras, mas a premissa de constar na convenção coletiva ou acordo coletivo de trabalho, como forma de contraprestação.

Questões para revisão

1) A Consolidação das Leis do Trabalho (CLT) prevê a possibilidade de uma variação de horário no registro de ponto, a qual não deve ser descontada nem computada como jornada extraordinária. Qual é a variação máxima de horário permitida?
   a. Seis minutos.
   b. Sete minutos.
   c. Oito minutos.
   d. Dez minutos.
   e. Quinze minutos.

2) Qual é a duração mínima do intervalo intrajornada?
   a. Quinze minutos e, no máximo, 1 hora, para jornadas de trabalho superiores a 4 horas e até 6 horas.
   b. Uma hora, para qualquer jornada de trabalho.
   c. Uma hora e, no máximo, 2 horas, para jornadas de trabalho superiores a 6 horas.
   d. Uma hora e, no máximo, 2 horas, para jornadas de trabalho superiores a 4 horas e até 6 horas.
   e. Quinze minutos para jornadas de até 4 horas.

3) Sobre os temas trabalhados neste capítulo, assinale a alternativa incorreta:
   a. O descanso semanal remunerado corresponde a um repouso de 24 horas que deve ocorrer a cada 6 horas.

b. As horas *in itinere*, ou seja, o tempo despendido pelo empregado para o deslocamento entre sua residência e seu local de trabalho, jamais são computadas como horas extras.

c. O intervalo interjornada é de, no mínimo, 11 horas entre uma jornada e outra.

d. O empregado pode realizar até 2 horas extras por dia, quando sua jornada compreender o período de 8 horas.

e. O intervalo intrajornada para o empregado que trabalha durante um período de 4 a 6 horas por dia é de 15 minutos.

4) Leia as proposições a seguir e assinale a afirmativa correta:

a. O acordo de banco de horas pode ser firmado entre empregado e empregador.

b. O empregado urbano que labora no período das 22h às 6h tem direito a adicional noturno.

c. O empregado que labora durante um período de 6 a 8 horas por dia tem direito, no mínimo, a 1 hora para alimentação.

d. O descanso semanal remunerado sempre deve ser aos domingos.

e. Porque não estão sujeitos ao controle de jornada, os gerentes devem receber 60% a mais que seus subordinados.

5) Leia as afirmativas a seguir e classifique-as em verdadeiras (V) ou falsas (F):

( ) O empregado está de sobreaviso quando ele permanece em sua casa aguardando, a qualquer momento, o chamado do empregador para o serviço.

( ) Considera-se regime de prontidão quando o trabalhador está no local de trabalho aguardando por ordens do empregador.

( ) O empregado está de sobreaviso quando utiliza o *smartphone* que recebeu do empregador, mesmo não estando sob o controle de jornada de trabalho.

( ) Somente no regime de prontidão o empregado tem direito ao pagamento do adicional respectivo.

A sequência correta de preenchimento dos parênteses é:

a. F, V, V, F.
b. F, F, V, V.
c. F, V, V, V.
d. V, V, F, F.
e. V, F, V, V.

6) O empregado contratado para laborar em tempo parcial pode realizar horas extras?

7) Quais são os tipos de empregados que não estão sujeitos ao controle de jornada de trabalho?

Questão para reflexão

Por que é necessária a concessão de um intervalo interjornada para o empregado? No caso de não concessão, o empregado pode requerer o pagamento de horas extras acrescidas do adicional mínimo legal?

Para saber mais

A jornada de trabalho deve ser observada pelo empregador, pois os intervalos são de suma importância para a saúde e para o bem-estar dos trabalhadores. Considerando isso, assista aos vídeos indicados a seguir:

TV JUSTIÇA. *Prova final*: jornada de trabalho 01. Disponível em: <https://www.youtube.com/watch?v=4-RhInbeYbo>. Acesso em: 7 dez. 2016.

_____. *Prova final*: jornada de trabalho 02. Disponível em: <https://www.youtube.com/watch?v=BRg0wEZ289s>. Acesso em: 7 dez. 2016.

VII

Aviso prévio e extinção do contrato de trabalho

Conteúdos do capítulo:

- » Aviso prévio.
- » Extinção do contrato de trabalho.
- » Terminação do contrato de trabalho.

Após o estudo deste capítulo, você será capaz de:

1. Compreender as regras do aviso prévio aplicadas aos contratos de trabalho por prazo determinado e por prazo indeterminado.
2. Identificar as formas de terminação do contrato de trabalho.
3. Reconhecer os critérios de validação da rescisão do contrato de trabalho.

Nos capítulos anteriores, tratamos dos direitos dos trabalhadores vigilantes no ato da admissão e ao longo do contrato de trabalho. Falta-nos, então, abordar as **formas de rescisão do contrato de trabalho**. É o que faremos neste capítulo.

7.1 Aviso prévio

Quando o empregado ou o empregador não desejam mais a continuidade do contrato de trabalho, devem comunicar um ao outro o interesse quanto ao rompimento do contrato. Esse comunicado é conhecido como *aviso prévio*.

Como escreve Martins (2010, p. 405), "o aviso prévio é a comunicação que uma parte do contrato de trabalho deve fazer a outra de que pretende rescindir o referido pacto, sem justa causa, de acordo com o prazo previsto em lei, sob pena de pagar indenização substitutiva".

> **Importante!**
> O aviso prévio é o instituto utilizado para comunicar uma das partes sobre o interesse da outra de rescindir o contrato de trabalho. Quando o contrato está em vigor por prazo indeterminado, é devido ao empregador ou ao empregado.

De acordo com a Consolidação das Leis do Trabalho (CL), em seu art. 487, o aviso prévio de, no mínimo, 30 dias, é um dever recíproco entre as partes e se aplica apenas aos contratos em vigor por prazo indeterminado (Brasil, 1943).

Não se aplica o aviso prévio aos contratos de trabalho por prazo determinado, pois, desde o início do contrato, as partes têm conhecimento do término da relação contratual. Todavia, há uma exceção: caso o contrato por prazo determinado seja rompido imotivadamente, antes do prazo final acordado entre as partes, cabe a aplicação do instituto do aviso prévio, diante da previsão da reciprocidade entre as partes.

O aviso prévio está disciplinado no art. 487 da CLT, segundo o qual, não havendo prazo estipulado, a parte que, sem justo motivo, quiser rescindir o contrato, deve avisar a outra da sua resolução com a antecedência mínima de:

» 8 dias, se o pagamento for efetuado por semana ou tempo inferior.

» 30 dias, aos que perceberem por quinzena ou por mês, ou que tenham mais de 12 meses de serviço na empresa (Brasil, 1943).

A **falta do aviso prévio por parte do empregador** confere ao empregado o direito aos salários correspondentes ao prazo do aviso, garantida sempre a integração desse período ao seu tempo de serviço (CLT, art. 487, §1º – Brasil, 1943).

A **falta de aviso prévio por parte do empregado** confere ao empregador o direito de descontar os salários correspondentes ao prazo respectivo (CLT, art. 487, §2º – Brasil, 1943).

Tratando-se de salário pago com base em tarefa, para os efeitos dos parágrafos anteriores, o cálculo é realizado de acordo com a média dos últimos 12 meses de serviço (CLT, art. 487, § 3º - Brasil, 1943).

O aviso prévio é iniciado no primeiro dia útil subsequente ao da notificação, seja ela dada pelo empregado ou pelo empregador. Para os trabalhadores com mais de 1 ano de contrato de trabalho, a partir do segundo ano, a cada ano de trabalho são acrescidos 3 dias ao cômputo do prazo do aviso prévio, até o limite máximo de 60 dias. Esse acréscimo se limita exclusivamente aos casos em que o aviso prévio é dado pelo empregador.

O cumprimento ou não do aviso prévio é facultado à parte que comunicar à outra sobre a **rescisão** – ou seja, a comunicação de uma ou ambas as partes sobre a decisão de encerrar imotivadamente o contrato de trabalho.

Se, durante o aviso prévio, a parte que ensejou a rescisão contratual reconsiderar o seu ato, antes do término do aviso prévio, e a outra parte aceitar a reconsideração, o contrato de trabalho continuará, como se não tivesse ocorrido a notificação da rescisão.

O aviso prévio pode ser trabalhado ou indenizado (CLT, art. 477; Brasil, 1943). Na sequência, interessa-nos abordar com mais detalhes esses conceitos.

O **aviso prévio trabalhado** é aquele no qual a parte que deseja rescindir o contrato o faz pedindo para que o contrato permaneça tal como está – ou seja, com o trabalho sendo realizado – por mais 30 dias (em média); após esse prazo, o contrato é rescindido. Por exemplo, quando o empregado comunica ao empregador que trabalhará por mais 30 dias e, depois, deixará o emprego; ou quando o empregador diz para o empregado que rescindirá o contrato de trabalho após 30 dias, e que, até lá, o trabalhador deve continuar laborando normalmente. Nesse último caso, o empregado tem direito à redução de 2 horas diárias ou 7 dias consecutivos, para angariar nova oportunidade no mercado de trabalho.

No caso de **aviso prévio indenizado**, o trabalho não é realizado, considerando-se rescindido o contrato na data do recebimento do aviso prévio. Nesse caso, a parte que der causa à rescisão do contrato deve indenizar a parte contrária, mediante o pagamento em dinheiro do valor correspondente ao período do aviso prévio.

O período de aviso prévio, seja indenizado ou trabalhado, integra o contrato de trabalho, devendo ser considerado para o cálculo de férias, 13º salário e FGTS; da mesma forma, considerando o período de no mínimo 30 dias, deve ser projetada a data da saída na Carteira de Trabalho e Previdência Social (CTPS) do empregado.

7.2 Homologação das verbas trabalhistas

Quando do término de um contrato de trabalho, tratando-se de um empregado com mais de 12 meses de contrato, é necessário que sua rescisão contratual seja avaliada pelo sindicato da categoria profissional de que faz parte.

A homologação das verbas trabalhistas é regulamentada pelo art. 477, parágrafo 1º, da CLT: em casos de o contrato de trabalho ter duração igual ou superior a 1 ano, a rescisão deve ser homologada com a assistência do sindicato da categoria profissional do empregado ou pela autoridade do Ministério do Trabalho (Brasil, 1943).

Caso não exista na localidade de prestação de serviços sindicato profissional ou Delegacia Regional do Trabalho (DRT), a homologação é realizada pelo membro do Ministério Público (MP) ou defensor público; e, na ausência ou em caso de impedimento legal destes, pode ser realizada pelo juiz de paz.

As verbas trabalhistas devem ser pagas observando-se o prazo estipulado pelo art. 477, parágrafo 6º, da CLT. Assim, cabe ao empregador efetuar o pagamento em até 10 dias, contados da notificação da demissão, ou quando dispensar ou indenizar o aviso prévio; da mesma forma, deve quitar as verbas rescisórias até o primeiro dia útil imediato ao término do contrato de trabalho (Brasil, 1943).

Síntese

Neste capítulo, comentamos que:
» O **aviso prévio** é aplicado a ambas as partes, o empregado e o empregador.

» O aviso prévio tem o prazo mínimo de 30 dias e pode ser trabalhado ou indenizado.

» Quanto ao pagamento das **verbas rescisórias**, compreendemos que há prazos distintos para sua quitação.

Estudo de caso

Aparecida teve seu contrato de trabalho rescindido com a empresa Lápis de Cor de Rosa Ltda., por iniciativa do empregador. Aparecida laborou por 6 meses para a referida empresa. Nesse caso, a homologação da rescisão do contrato de trabalho terá validade somente se realizada no sindicato da categoria profissional da empregada?

A assertiva está equivocada, pois, no caso de um empregado que não complete 12 meses de trabalho para a mesma empresa, não há a obrigatoriedade da rescisão contratual ser homologada pelo sindicato da categoria profissional do mesmo empregado, conforme podemos aprender no tópico de sobre *homologação das verbas trabalhistas*.

Perguntas & respostas

O período de aviso prévio deve sempre ser trabalhado?
Resposta: Não, quando da rescisão contratual por parte do empregador, o aviso prévio pode ser trabalhado ou indenizado; quando indenizado, isso é feito em dinheiro e sem a devida contraprestação.

Questões para revisão

1) O comunicado da rescisão contratual (aviso prévio) deve ser efetuado com quantos dias de antecedência, no caso do empregado que recebe remuneração quinzenal ou mensal?
   a. Quinze.
   b. Oito.
   c. Trinta.
   d. Vinte.
   e. Doze.

2) Com relação ao aviso prévio, é correto afirmarmos que:
   a. O aviso prévio deve ser comunicado apenas quando o empregado recebe quinzenal ou mensalmente.
   b. A falta de aviso prévio por parte do empregado confere ao empregador o direito de descontar os salários correspondentes ao prazo indenizado.
   c. Não é devido o aviso prévio na despedida indireta.
   d. O aviso prévio é trabalhado sem redução da jornada quando a rescisão contratual é realizada pelo empregador.
   e. O aviso prévio indenizado ou trabalhado não integra o contrato de trabalho.

3) Leia as afirmativas a seguir e classifique-as como verdadeiras (V) ou falsas (F):
   ( ) Para os empregados que recebem mensalmente, o aviso prévio é de, no mínimo, 30 dias e é um dever recíproco entre as partes.
   ( ) Quando o empregado recebe semanalmente, aquele que quiser rescindir o contrato deve comunicar esse interesse à outra parte com antecedência de 8 (oito) dias.

( ) A falta de aviso prévio por parte do empregado não dá ao empregador o direito de descontar de seus salários o período correspondente ao aviso prévio.
( ) O empregado que pede demissão do trabalho tem direito a reduzir sua jornada de trabalho em 2 horas por dia ou 7 dias consecutivos.

A sequência correta de preenchimento dos parênteses é:
a. V, F, V, F.
b. F, F, F, V.
c. F, V, F, V.
d. V, F, V, V.
e. V, V, F, F.

4) Leia as seguintes proposições sobre a rescisão do contrato de trabalho, e classifique-as como verdadeiras (V) ou falsas (F):
( ) A rescisão do contrato de trabalho do empregado firmado há mais de 6 meses deve ser validada pelo sindicato da categoria profissional.
( ) As verbas rescisórias devem ser depositadas em até 10 dias, contados da notificação da demissão, ou quando se dispensar ou indenizar o aviso prévio.
( ) A rescisão do contrato de trabalho do empregado firmado há mais de 12 meses deve ser validada pelo sindicato da categoria profissional.
( ) O aviso prévio inicia-se após 7 dias da notificação ao empregado ou ao empregador, para que ambas as partes reflitam sobre o pedido de demissão ou dispensa sem justa causa.

A sequência correta de preenchimento dos parênteses é:
a. V, V, F, V.
b. F, F, V, V.
c. V, F, F, V.

d. F, V, V, F.
e. F, V, V, V.

5) No caso de uma rescisão contratual por prazo determinado, antes do período acordado, é devido o aviso prévio?

6) No caso de pedido de demissão feito pelo empregado, é devida a concessão, pelo empregador, da redução da jornada de trabalho ao longo do período de aviso prévio trabalhado?

Questão para reflexão

A qual período de aviso prévio tem direito o trabalhador que tem seu contrato de trabalho rescindido sem justo motivo, após 5 anos de trabalho na mesma empresa?

Para saber mais

Você sabia que, caso a empregada descubra o estado gravídico durante o aviso prévio, ela terá direito à estabilidade provisória? Vale a pena aprofundar o seu conhecimento sobre o tema do aviso prévio, lendo a matéria indicda:

SOARES, A. L. Novas regras, duração, descumprimento e mais:
 saiba como funciona o aviso prévio. *Brasil Econômico*, 31 maio 2016.
 Disponível em: <http://economia.ig.com.br/2016-05-31/novas-regras-duracao-descumprimento-e-mais-saiba-como-funciona-o-aviso-previo.html>. Acesso em: 7 dez. 2016.

VIII

Conteúdos do capítulo:

» Hipóteses de estabilidade provisória.
» Reintegração e readmissão.

Após o estudo deste capítulo, você será capaz de:

1. Distinguir os casos de estabilidade no emprego.
2. Identificar as hipóteses de estabilidade definitiva.
3. Reconhecer os casos possíveis de demissão e/ou reintegração de empregados estáveis.

Estabilidade provisória

No capítulo anterior, mostramos que tanto o empregado quanto o empregador podem livremente romper o contrato de trabalho, seja com ou sem motivo. Cabe-nos agora avaliar e responder à seguinte pergunta: O empregador sempre pode romper um contrato de trabalho firmado? A resposta é: Não. Neste capítulo, estudaremos este tema: a estabilidade provisória no emprego.

8.1 Trabalhadores com estabilidade provisória

A **estabilidade provisória** caracteriza-se pela impossibilidade temporária de o empregador dispensar sem justo motivo o empregado. Os trabalhadores que gozam desse tipo de estabilidade são: dirigente sindical, gestante, membro da Comissão Interna de Prevenção de Acidentes (Cipa), empregado acidentado e membro da Comissão de Conciliação Prévia.

8.1.1 Estabilidade do dirigente sindical

O **dirigente sindical** é aquele empregado sindicalizado que foi eleito para o cargo de direção ou representação sindical, seja efetivo ou suplente, o qual não pode ser demitido do emprego, desde o registro da sua candidatura até um ano após o final do mandato.

Frisamos que o dirigente sindical somente tem estabilidade quando eleito para exercer suas atividades de sindicalista no âmbito do seu local de trabalho.

Para que seja garantida a estabilidade do dirigente sindical, é necessária a comunicação à empresa, no prazo de 24 horas, da eleição e posse do empregado ao cargo.

Em caso de encerramento das atividades da empresa, não é possível manter a garantia de estabilidade provisória.

8.1.2 Estabilidade do membro da Cipa

O membro da Cipa também tem direito à estabilidade provisória no emprego, salvo por falta grave. Abordaremos esse tema quando estudarmos sobre segurança do trabalho.

Nos termos do art. 165 da Consolidadção das Leis do Trabalho (CLT), para aquele empregado eleito para a Cipa, é proibida sua dispensa desde o registro de sua candidatura até um ano após o final de seu mandato (Brasil, 1943).

No entanto, o empregado indicado pelo empregador para atuar na Cipa não tem estabilidade no emprego, conforme o julgamento reproduzido a seguir:

> Membro indicado pelo empregador. Doutrina e jurisprudência se orientam no sentido de que a garantia de emprego prevista no art. 10, inciso II, a, do ADCT, só se aplica aos membros eleitos da representação dos empregados, não se estendendo aos representantes designados pelo empregador. (Brasil, 2005a)

É importante salientarmos que a estabilidade é uma garantia para o empregado eleito, nos termos do Ato das Disposições Constitucionais Transitórias (ADCT – Brasil, 1988). Assim, os membros da Cipa indicados pela empresa, como não foram eleitos, não têm esse direito.

8.1.3 Estabilidade da empregada gestante

O art. 10, inciso II, do ADCT garante à gestante estabilidade no emprego por 5 meses após o parto (Brasil, 1988). É assegurada à gestante, desde a concepção, a estabilidade no emprego; se ela desconhecer que está grávida e for dispensada sem justa causa, pode requerer sua reintegração em virtude do estado gestacional.

O Tribunal Superior do Trabalho (TST) entende que o desconhecimento por parte do empregador do estado gestacional da empregada não o exime de indenização em caso de dispensa sem justa causa. Eis o entendimento expresso na Súmula n. 244 do TST:

> **Gestante. Estabilidade provisória (redação do item III alterada na sessão do Tribunal Pleno realizada em 14.09.2012) – Res. 185/2012, DEJT divulgado em 25, 26 e 27.09.2012**
>
> I – O desconhecimento do estado gravídico pelo empregador não afasta o direito ao pagamento da indenização decorrente da estabilidade (art. 10, II, "b" do ADCT).
>
> II – A garantia de emprego à gestante só autoriza a reintegração se esta se der durante o período de estabilidade. Do contrário, a garantia restringe-se aos salários e demais direitos correspondentes ao período de estabilidade.
>
> III – A empregada gestante tem direito à estabilidade provisória prevista no art. 10, inciso II, alínea "b", do Ato das Disposições Constitucionais Transitórias, mesmo na hipótese de admissão mediante contrato por tempo determinado (Brasil, 2012d).

A empregada doméstica também tem estabilidade quando em estado gestacional, o que, antes da Lei n. 5.859 de 11 de dezembro de 1972 (revogada pela Lei Complementar n. 150, de 1º de junho de 2015 – Brasil, 2015b), não era possível. Dessa forma, é garantido à empregada doméstica estabilidade por 5 meses após o parto, conforme dispõe o art. 7º, inciso XVIII e parágrafo único da Constituição Federal de 1988 (Brasil, 1988).

8.1.4 Estabilidade do empregado que sofreu acidente de trabalho

O empregado que sofreu acidente de trabalho e precisa se afastar do labor por mais de 15 dias, é estável por 12 meses, após a cessação do auxílio-doença acidentária, ou seja, após o recebimento de alta médica do perito do INSS, e do término da percepção do auxílio previdenciário, conforme dispõe o art. 118 da Lei n. 8.213, de 24 de julho de 1991 (Brasil, 1991).

8.2 Reintegração e readmissão

Reintegração é o retorno do empregado estável ao emprego, para exercer as mesmas funções que executava antes de sua dispensa arbitrária ou por justa causa notificada pelo empregador.

No caso da reintegração, o empregado faz jus ao recebimento de todas as vantagens que deixou de perceber durante seu afastamento do labor; porém, se a sua reintegração não for aconselhável, a obrigação pode ser convertida em indenização, desde que paga em dobro.

Já a **readmissão** consiste na dispensa e nova admissão do empregado ao quadro da empresa; nesse caso, são computados os períodos de labor, mesmo que descontínuos. Existem três situações em que não é admitida a computação dos períodos: dispensa por justa causa; cessação do contrato de trabalho com pagamento de indenização; e aposentadoria espontânea. Em outras palavras, não é admissível o cômputo dos períodos trabalhados, quando o contrato anterior estiver prescrito.

Síntese

Os temas que abordamos neste capítulo são de suma importância, pois tratam da **estabilidade** e da **garantia no emprego**. Merecem destaque os seguintes aprendizados:

» A **estabilidade provisória no emprego** ocorre em casos específicos, em favor da gestante, do empregado que sofre acidente de trabalho e do membro da Cipa.

» A **reintegração** ao emprego diz respeito ao retorno do empregado estável para exercer a mesma função que executava antes de sua dispensa arbitrária ou por justa causa; a **readmissão** é o retorno do empregado dispensado, com a computação do período anteriormente laborado com o período de labor iniciado com a sua readmissão.

Estudo de caso

Maria das Neves foi dispensada do emprego no dia 3 de maio de 2015. No dia 10 de junho de 2015, ela descobre que está grávida, e que sua gestação já tem dois meses. O que devem fazer Maria e seu empregador?

Considerando-se que, em 10 de junho de 2015, Maria descobriu estar com dois meses de gravidez, podemos concluir que, quando foi demitida, ela já estava grávida. Nesse caso, a empregada tem garantia de emprego. Por esse motivo, ela deve procurar o empregador para comunicá-lo a respeito. Este, por sua vez deve recontratar Maria, uma vez que ela tem estabilidade provisória, por causa da gravidez, desde a concepção até 5 meses após o nascimento do bebê.

Perguntas & respostas

O empregado eleito dirigente sindical tem direito à estabilidade, se exercer na mesma empresa atividade pertinente ao seu cargo?
Resposta: Sim. O dirigente sindical é aquele empregado sindicalizado, que foi eleito para o cargo de direção ou representação sindical, seja efetivo ou suplente. O empregado não pode ser demitido, desde o momento de sua candidatura até um ano após o final do seu mandato, salvo nos casos de falta grave, a qual deve ser objeto de inquérito para apuração.

Questões para revisão

1) Considere esta situação hipotética:
   Andressa foi eleita representante dos empregados como suplente na Comissão de Conciliação Prévia.
   Assinale a alternativa correta:
   a. Em hipótese nenhuma Andressa pode ser demitida.
   b. Não é vedada a dispensa de Andressa, porque ela é suplente da Comissão de Conciliação Prévia.
   c. É vedada a dispensa de Andressa, desde sua eleição até 1 ano após o final do seu mandato, salvo se cometer falta grave.
   d. É vedada a dispensa de Andressa, desde sua eleição até 3 meses após o final do mandato, salvo se cometer falta grave.
   e. É vedada a dispensa de Andressa, desde o registro de sua candidatura até 1 ano após o final do mandato, salvo se cometer falta grave.

2) A gestante tem direito à estabilidade provisória desde que momento?
   a. Da confirmação da gravidez até 150 dias após o parto.
   b. Da concepção até 5 meses após o parto.
   c. Da concepção até 120 dias após o parto.
   d. Da confirmação da gravidez até 120 após o parto.
   e. Da confirmação da gravidez até 5 meses após o parto.

3) A respeito da temática da estabilidade no emprego, classifique as seguintes afirmativas como verdadeiras (V) ou falsas (F):
   ( ) Para que seja garantida a estabilidade do dirigente sindical, é necessária, no prazo de 24 horas, a comunicação à empresa da eleição e posse do empregado para o cargo.
   ( ) A estabilidade provisória caracteriza-se pela impossibilidade, permanente ou temporária, de o empregador dispensar sem justo motivo o empregado.
   ( ) O dirigente sindical tem estabilidade provisória quando eleito para exercer suas atividades de sindicalista no âmbito do seu local de trabalho.
   ( ) O empregado que vier a sofrer acidente de trabalho, terá direito a estabilidade provisória, pelo período de 12 meses, após sua alta pelo perito do INSS.
   A sequência correta de preenchimento dos parênteses é:
   a. F, F, V, V.
   b. V, V, F, F.
   c. V, V, V, F
   d. V, F, V, V.
   e. F, F, F, V.

4) Leia atentamente as afirmativas a seguir e classifique-as como verdadeiras (V) ou falsas (F):
   ( ) Em caso de encerramento das atividades da empresa, não é possível manter a garantia de estabilidade provisória.
   ( ) A empregada doméstica não tem estabilidade ao emprego, mesmo sendo gestante.
   ( ) O empregador exime-se de indenizar a empregada gestante, quando este desconhecer o estado gravídico da empregada.
   ( ) O empregado indicado pelo empregador para compor a Cipa, tem estabilidade provisória
   A sequência correta de preenchimento dos parênteses é:
   a. V, F, F, V.
   b. F, F, V, V.
   c. V, F, F, F.
   d. V, F, V, F.
   e. V, V, F, F.

5) Leia atentamente as afirmativas a seguir e classifique-as como verdadeiras (V) ou falsas (F):
   ( ) A readmissão corresponde à dispensa e posterior readmissão do empregado ao quadro da empresa.
   ( ) A reintegração ao emprego compreende o retorno do empregado estável ao emprego.
   ( ) A gestante poderá ser dispensada sem justa causa após o parto, sendo que está empregada não fará jus a indenização.
   ( ) O dirigente sindical poderá ser dispensado sem justa causa, durante o período que estiver exercendo o cargo de direção ou representação sindical.

A sequência correta de preenchimento dos parênteses é:
a. F, F, F, V.
b. V, V, F, F.
c. V, F, V, F.
d. F, V, F, F.
e. F, V, V, V.

6) O empregado que sofreu acidente de trabalho tem estabilidade provisória no emprego?

7) Quais são os direitos do empregado estável quando demitido sem justa causa ao longo do período estabilitário?

Questão para reflexão

Por que existe a estabilidade para os empregados eleitos para a Cipa? Teria alguma relação com possíveis represálias da empresa?

Para saber mais

Você sabia que a empregada que engravidar durante o contrato de experiência também tem estabilidade? Para saber mais, leia o art. que indicamos a seguir:
GRÁVIDA tem direito à estabilidade durante experiência. *Revista Consultor Jurídico*. 4 mar. 2014. Disponível em: <http://www.conjur.com.br/2014-mar-04/gravida-direito-estabilidade-mesmo-contrato-experiencia>. Acesso em: 8 dez. 2016.

IX

Serviço Especializado em Engenharia de Segurança e Medicina do Trabalho (Sesmt) e Comissão Interna de Prevenção de Acidentes (Cipa)

Conteúdos do capítulo:

» Conceito de Sesmt e importância do serviço para a empresa.
» Profissionais que compõem o Sesmt.
» Atividades desenvolvidas pelo Sesmt.
» Conceito de Cipa e componentes da comissão.
» Cargos e estabilidade.
» Funcionamento, responsabilidades, eleição e treinamento.
» Mapa de risco.

Após o estudo deste capítulo, você será capaz de:

1. Verificar os profissionais que compõem o Sesmt.
2. Entender a atuação do Sesmt nas organizações.
3. Avaliar a importância da Cipa para as empresas.
4. Reconhecer as responsabilidades dos membros da Cipa.
5. Identificar a importância dos mapas de risco para as atividades dos trabalhadores.

Após termos tratado dos direitos e deveres trabalhistas, abordaremos, neste capítulo, os temas da **saúde** e **segurança** no ambiente de trabalho. Versaremos sobre a finalidade, a importância, as competências e as demais peculiaridades relacionadas ao Sesmt e à CIPA.

O profissional da segurança privada, no seu dia a dia de trabalho, está exposto a riscos ambientais que podem afetar diretamente a sua integridade física e a sua saúde. Por isso, é importante para esse profissional conhecer e seguir à risca as normas relacionadas à saúde e à segurança no trabalho. Afinal, ninguém quer sofrer um acidente ou ter uma doença de trabalho, certo?

A **segurança do trabalho** é a ciência que visa à proteção das pessoas em seu ambiente de trabalho. Os riscos existentes nesses ambientes são relacionados a fatores físicos e psicológicos, os quais podem causar danos severos à saúde do trabalhador.

Todas as empresas são obrigadas a adotar orientações determinadas pelo Ministério do Trabalho, por intermédio das Normas Regulamentadoras (NRs), para disponibilizar meios de segurança e saúde adequados aos seus trabalhadores.

Qualquer empresa, pública ou privada, que tenha empregados contratados sob o regime da Consolidação das Leis do Trabalho (CLT), deve seguir tais recomendações dispostas nas NRs. O não cumprimento dessas obrigações acarreta penalidades.

As NRs estão expressas na Lei n. 6.514, de 22 de dezembro de 1977 (Brasil, 1977). No ano seguinte, a Portaria n. 3.214 (Brasil, 1978c) aprovou a referida lei e estabeleceu a obrigatoriedade do seu cumprimento. Tais normas estão disponibilizadas no endereço eletrônico do Ministério do Trabalho (Brasil, 2016a).

Atualmente, há 36 NRs, as quais tratam de diversos temas, como máquinas e equipamentos, construção civil e frigorífico, entre outros. Tomando como base o contexto das atividades relacionadas a empresas e profissionais que atuam na área de vigilância, abordaremos nesta obra as NRs descritas na Tabela 9.1, a seguir.

Tabela 9.1 – Normas Regulamentadoras

Assunto	Norma Regulamentadora
Serviços Especializados em Engenharia de Segurança e Medicina do Trabalho (SESMT)	4
Comissão Interna de Prevenção de Acidentes (Cipa)	5
Equipamento de proteção individual (EPI)	6
Programas de Controle Médico de Saúde Ocupacional (PCMSO)	7
Atividades e operações insalubres	15
Atividades e operações perigosas	16
Ergonomia	17

Fonte: Elaborado com base em Brasil, 2016a.

Para melhor explicarmos o tema *segurança do trabalho*, trataremos do Serviço Especializado em Engenharia de Segurança e Medicina do Trabalho (SESMT) e da Comissão Interna de Prevenção de Acidentes (Cipa).

9.1 Sesmt: definição

O Sesmt corresponde ao grupo de profissionais responsáveis por planejar, implementar, manter e melhorar os aspectos relacionados à Segurança e à Medicina do Trabalho em uma empresa.

O objetivo principal do Sesmt é promover, primordialmente, medidas preventivas e aplicar ferramentas relacionadas à Segurança e à Medicina do Trabalho no ambiente da empresa. Portanto, o intuito é proporcionar melhorias no ambiente e reduzir ao mínimo a probabilidade de ocorrência de acidentes e/ou doenças ocupacionais, visando à saúde e à segurança dos trabalhadores (Medeiros et al., 2011, p. 9).

9.1.1 Profissionais que compõem o Sesmt

A NR 4 (Brasil, 2014a) dispõe que o Sesmt é composto pelos seguintes profissionais: técnico de segurança do trabalho; engenheiro de segurança do trabalho; auxiliar de enfermagem do trabalho; enfermeiro do trabalho; e médico do trabalho.

Esses profissionais atuam instruindo sobre as normas de segurança, prevenção de acidentes, inspeção de máquinas e equipamentos, e saúde do trabalhador (primeiros socorros, levantamento de doenças profissionais e lesões traumáticas, realização de exames), entre outros assuntos.

Os profissionais que compõem o Sesmt são os responsáveis pela gestão da saúde e da segurança do trabalho nas organizações. Apresentamos, a seguir, algumas das suas atribuições.

9.1.2 Competências do Sesmt

Para garantir a segurança e a saúde dos trabalhadores, os profissionais do Sesmt tem, entre outras, as seguintes atribuições:
- » definir a política sobre segurança e medicina do trabalho, com o objetivo de preservar a segurança e a saúde dos trabalhadores;
- » atuar na eliminação e, caso não seja possível, na atenuação dos riscos aos quais os colaboradores estejam expostos, e alertá-los sobre a importância da prevenção, por meio de cursos, treinamentos e palestras;
- » inspecionar os postos de combate a incêndios, examinando mangueiras, hidrantes, extintores e equipamentos de proteção

contra incêndios, para se certificar de suas perfeitas condições de funcionamento;
» elaborar e executar planos e programas de proteção à saúde dos empregados;
» ministrar medicamentos e tratamentos aos pacientes internos, observando horários, posologia e outras informações, para atender a prescrições médicas;
» determinar aos trabalhadores quais são os EPIs adequados para o exercício de suas funções*;
» atuar em conjunto com a Comissão Interna de Prevenção de Acidentes (Cipa), visto que o trabalho em conjunto com os trabalhadores possibilita melhorias para a segurança e a saúde;

A Cipa, será o tema da próxima seção, na qual trataremos das atribuições dos membros dessa comissão, entre outros pontos importantes.

9.2 Cipa

Visando à proteção da saúde do trabalhador, a legislação trabalhista determina que as empresas tenham em seus estabelecimentos o que chamamos de *Comissão Interna de Prevenção de Acidentes*. Essa comissão é composta por empregados representantes dos trabalhadores (eleitos em voto secreto) e representantes dos empregadores (nomeados). Estes se reúnem mensalmente para discutir e implementar medidas que visam a uma maior segurança para os trabalhadores. a fim de Prevenir acidentes e doenças que venham a ocorrer no ambiente de trabalho. A duração do mandato dos membros eleitos da Cipa é de um ano, sendo permitida uma reeleição.

---

* No Capítulo 11, versaremos detalhadamente sobre as obrigações da empresa e dos trabalhadores a esse respeito.

A CLT dispõe, em seu art. 164, que a Cipa deve ser instaurada em qualquer empresa que admita trabalhadores como empregados (Brasil, 1943).

Conforme determina a NR 5, estabelecimentos privados, públicos, sociedades de economia mista, órgãos da Administração direta e indireta, instituições beneficentes, associações recreativas, cooperativas, e outras instituições, devem manter uma Cipa em regular funcionamento (Brasil, 2011a).

Na NR 5 constam as diretrizes para a composição da Cipa, assim como suas atribuições e treinamentos, entre outras normas. Trataremos disso de forma detalhada a seguir.

Empresas que desenvolvem diversas atividades podem formar Cipas integradas, visto que os riscos existentes nas atividades provavelmente são semelhantes, e a troca de informações pode ser benéfica no âmbito da prevenção de acidentes.

9.2.1 Composição da Cipa

Como já mencionado, a Cipa é composta por trabalhadores eleitos por voto e por trabalhadores indicados pela empresa.

O voto de todos os trabalhadores é direito e permite que estes escolham seus representantes na comissão. Os eleitos são denominados **representantes dos empregados**, já os trabalhadores escolhidos pela empresa são chamados de **representantes do empregador**.

Ambos os grupos podem ter membros efetivos ou suplentes.

Os candidatos mais votados assumem a condição de membros titulares e os menos votados, a condição de suplentes.

A NR 5 determina ainda que os representantes dos empregados, tanto titulares quanto suplentes, são eleitos por voto, independentemente de filiação sindical, exclusivamente entre os trabalhadores interessados.

O **membro efetivo** – também denominado *titular* – perde o mandato e é substituído pelo suplente quando falta a mais de quatro reuniões ordinárias sem justificativa.

A NR 5 estabelece critérios para o dimensionamento da Cipa. Deve ser considerado o número de empregados no estabelecimento e o grupo ao qual a empresa pertence, conforme demonstrado na Tabela 9.2, a seguir.

Tabela 9.2 – NR 5: dimensionamento da Cipa

			Número total de empregados												
			0-19	20-29	30-50	51-80	81-100	101-120	121-140	141-300	301-500	501-1.000	1.001-2.500	2.500-5.000	5.001-10.000	Acima de 10.000 *
			Número de membros da Cipa												
Grupos**	C-1	Efetivos	-	1	1	3	3	4	4	4	4	6	9	12	15	2
		Suplentes	-	1	1	3	3	3	3	3	3	4	7	9	12	2
	C-1a	Efetivos	-	1	1	3	3	4	4	4	4	6	9	12	15	2
		Suplentes	-	1	1	3	3	3	3	3	4	5	8	9	12	2
	C-2	Efetivos	-	1	1	2	2	3	4	4	5	6	7	10	11	2
		Suplentes	-	1	1	2	2	3	3	4	4	5	6	7	9	1
	C-3	Efetivos	-	1	1	2	2	3	3	4	5	6	7	10	10	2
		Suplentes	-	1	1	2	2	3	3	4	4	5	6	8	8	2

Fonte: Adaptado de Brasil, 2011a.

* Os valores constantes nesta coluna referem-se ao número de membros que devem ser acrescentados para cada grupo de 2.500 empregados.
** Os grupos indicados correspondem às atividades econômicas integrantes da Classificação Nacional de Atividades Econômicas (CNAE) – C1 e C1a = minerais; C2 = alimentos; C3 = têxtil.

Na Tabela 9.2, é possível ver a quantidade de trabalhadores que devem ser eleitos por voto. Lembramos que é garantido à empresa a escolha do mesmo número de representantes eleitos pelos trabalhadores.

Para saber em qual **grupo** a empresa se enquadra, a NR 5 disponibiliza a relação da Classificação Nacional de Atividades Econômicas (CNAE) com o correspondente agrupamento para dimensionamento da Cipa (Tabela 9.3).

Tabela 9.3 – NR 5: grupos aos quais as empresas pertencem, segundo o número da Classificação Nacional de Atividades Econômicas (CNAE).

CNAE	Descrição	Grupo
05.00-3	Extração de carvão mineral	C-1
06.00-0	Extração de petróleo e gás natural	C-1
07.10-3	Extração de minério de ferro	C-1
07.21-9	Extração de minério de alumínio	C-1
07.22-7	Extração de minério de estanho	C-1
07.23-5	Extração de minério de manganês	C-1
07.24-3	Extração de minério de metais preciosos	C-1
07.25-1	Extração de minerais radioativos	C-1
07.29-4	Extração de minerais metálicos não-ferrosos não especificados anteriormente	C-1
08.10-0	Extração de pedra, areia e argila	C-1
08.91-6	Extração de minerais para fabricação de adubos, fertilizantes e outros produtos químicos	C-1
08.92-4	Extração e refino de sal marinho e sal-gema	C-1
08.93-2	Extração de gemas (pedras preciosas e semipreciosas)	C-1
08.99-1	Extração de minerais não-metálicos não especificados anteriormente	C-1
09.10-6	Atividades de apoio à extração de petróleo e gás natural	C-1

(continua)

(Tabela 9.3 – conclusão)

CNAE	Descrição	Grupo
09.90-4	Atividades de apoio à extração de minerais, exceto petróleo e gás natural	C-1
10.11-2	Abate de reses, exceto suínos	C-2
10.12-1	Abate de suínos, aves e outros pequenos animais	C-2
10.13-9	Fabricação de produtos de carne	C-2

Fonte: Adaptado de Brasil, 2011a.

Portanto, para definir o dimensionamento da Cipa de uma empresa, é necessário conhecer a CNAE.

A CNAE indica a atividade realizada pela empresa por meio de um **código** que caracteriza a atividade principal e outras atividades desenvolvidas. Tal código é disponibilizado no *site* da Receita Federal e, para obtê-lo, basta fazer consulta pelo CNPJ da empresa, acessando o endereço eletrônico: <https://www.receita.fazenda.gov.br/PessoaJuridica/CNPJ/Cnpjreva_Solicitacao.asp>.

9.2.2 Cargos, atribuições e estabilidade

Na Cipa, devem ser definidos o presidente, o vice-presidente e o secretário – e seu substituto.

O presidente da Cipa é definido pela empresa. Entre suas responsabilidades, estão (Brasil, 2011a):

» convocar os membros para as reuniões da comissão;
» coordenar as reuniões da Cipa, encaminhando à empresa e ao Sesmt, quando houver, as decisões da comissão;
» coordenar e supervisionar as atividades da secretaria;

O vice-presidente é escolhido pelos membros da Cipa – representante dos empregados – e deve ser obrigatoriamente um dos membros titulares eleitos por voto. Sua principal função é executar as atividades que estão sob sua responsabilidade e substituir o presidente, quando necessário.

São responsabilidades conjuntas, do presidente e do vice (Brasil, 2011a):

» cuidar para que a Cipa disponha das condições necessárias para o desenvolvimento de seus trabalhos;
» delegar atribuições aos membros da comissão;
» promover o relacionamento da Cipa com o Sesmt;
» divulgar as decisões tomadas;
» constituir comissão eleitoral.

Por fim, o secretário é definido em comum acordo entre todos os membros. Ele pode ser ou não componente da comissão. Sua função principal é redigir as atas e as pautas das reuniões e enviá-las aos membros da Cipa.

Sobre a estabilidade dos membros da Cipa, não se esqueça: conforme comentado no Capítulo 8, é garantida estabilidade de 2 anos (primeiro ano referente ao exercício do mandato e o seguinte contabilizado logo após o término do mandato) apenas aos **membros eleitos** por voto; portanto, os funcionários indicados pela empresa, para atuação na Cipa, não tem estabilidade no emprego.

9.2.3 Funcionamento

O apoio de todos os trabalhadores da empresa é fundamental para o desenvolvimento da Cipa. Os empregados devem colaborar constantemente, apontando situações de riscos e sugerindo medidas para a eliminação ou a minimização de tais riscos. As recomendações recebidas, tanto pela Cipa quanto pelo Sesmt, devem ser seguidas permanentemente.

Na Cipa, é obrigatória a realização de reuniões mensais, de acordo com o calendário pré-estabelecido. As reuniões são realizadas, obrigatoriamente, durante o expediente normal da empresa e em local apropriado. Todos os presentes nas reuniões devem assinar e receber cópia da ata.

As atas das reuniões devem ser armazenadas, permanecendo à disposição da fiscalização do Ministério do Trabalho.

Com relação à tomada de decisões, o ideal é que seja conduzida por **consenso**; ou seja, a discussão e a argumentação entre todos os presentes são as ferramentas a serem utilizadas para a definição de assuntos pendentes. No entanto, caso não haja consenso, e os representantes não cheguem a um acordo, deve ser instalado processo de votação, o qual deve ser registrado na ata da reunião.

9.2.4 Eleição

A eleição da Cipa inicia 60 dias antes do término do mandato em curso, por intermédio da empresa, que convoca eleições para escolha dos representantes dos empregados na comissão.

Perguntas & respostas

O profissional da vigilância privada pode se candidatar para a eleição da Cipa na empresa em que trabalha?
Resposta: Sim! Todos os trabalhadores da empresa podem se inscrever.

A eleição deve ser finalizada em até 30 dias antes do término do mandato em vigor. O voto é secreto e, no mínimo, 50% dos empregados da empresa devem votar para que a eleição seja validada.

9.2.5 Qualificação dos membros da Cipa: treinamento

Todos os trabalhadores eleitos para a Cipa, titulares ou suplentes, bem como os indicados pela empresa, devem receber treinamento antes da posse. Caso a empresa não se enquadre na Tabela 9.2 da NR 5 e tenha somente o empregado designado, este também deve participar de treinamento.

A carga horária do curso é de 20 horas, sendo realizadas no máximo 8 horas por dia, em horário de expediente. É terminantemente proibida a realização do curso após o expediente ou em finais de semana, caso não haja jornada de trabalho nesse período (Brasil, 2011a).

O treinamento para os futuros membros da Cipa deve conter, entre outros, os seguintes conteúdos de acordo com Rodrigues (2009, p. 75-76):

» *Objetivo da Cipa.*
» *Análise dos postos de trabalho e riscos originados no processo produtivo.*
» *Acidentes e doenças do trabalho que podem ser ocasionados a partir da exposição aos riscos.*
» *Informações sobre leis trabalhistas e previdenciárias relativas à segurança e à saúde no trabalho.*
» *Noções sobre a Síndrome da Imunodeficiência Adquirida (Aids) e medidas de prevenção.*
» *Mapa de risco.*

O treinamento capacita os cipeiros para o exercício de suas atribuições, as quais mencionaremos a seguir.

9.2.6 Responsabilidades

As responsabilidades da Cipa estão voltadas fundamentalmente para a **prevenção de acidentes e doenças decorrentes do trabalho**. É indispensável sua participação em reuniões e discussões promovidas pela empresa que envolvam mudanças de ambiente, mudanças de setores ou turnos, alterações no maquinário, entre outros, visto que os trabalhadores interagem com tais ambientes, e suas opiniões retratam os pontos favoráveis ou não para o desempenho das atividades.

Dessa forma, de acordo com a NR 5, algumas das atribuições dos *cipeiros* são as seguintes:

> *a. identificar os riscos do processo de trabalho, e elaborar o mapa de riscos, com a participação do maior número de trabalhadores, com assessoria do Sesmt, onde houver;*
> *[...]*
> *b. realizar, periodicamente, verificações nos ambientes e condições de trabalho visando a identificação de situações que venham a trazer riscos para a segurança e saúde dos trabalhadores;*
> *[...]*
> *c. requerer ao Sesmt, quando houver, ou ao empregador, a paralisação de máquina ou setor onde considere haver risco grave e iminente à segurança e saúde dos trabalhadores;*
> *[...]*
> *d. divulgar e promover o cumprimento das Normas Regulamentadoras, bem como cláusulas de acordos e convenções coletivas de trabalho, relativas à segurança e saúde no trabalho.* (Brasil, 2011a)

Notemos que a NR 5 cita o mapa de riscos. Provavelmente, você já se deparou com algum desses mapas no seu local de trabalho, ou até mesmo em algum local que visitou. Analisemos a finalidade desse instrumento.

9.2.7 Mapa de risco

O mapa de risco permite demonstrar, por representação gráfica, os riscos existentes em determinado local de trabalho. Geralmente, esses mapas são fixados em áreas de fácil visualização aos trabalhadores ou visitantes que eventualmente estejam nesse ambiente.

Os riscos mostrados no mapa são: **físicos** (ruídos, vibrações, radiações ionizantes e não ionizantes, frio, calor, pressão e umidade); **químicos** (poeiras, fumos, névoas, neblinas, gases, vapores e substâncias químicas em geral); **biológicos** (vírus, bactérias, protozoários, fungos, parasitas e bacilos); **ergonômicos** (esforço físico intenso, levantamento e transporte manual de peso, postura inadequada, ritmo de trabalho excessivo, trabalho noturno, jornada de trabalho prolongada, monotonia, situações geradoras de estresse); e **de acidentes** (arranjo físico inadequado, máquinas e equipamentos sem proteção, ferramentas inadequadas, eletricidade, risco de incêndio e explosão, e animais peçonhentos) (Brasil, 1994).

A **intensidade do risco** é caracterizada em conformidade com a percepção dos trabalhadores, sendo representada por tamanhos diferentes de círculos, como demonstrado na Figura 9.2, a seguir.

Figura 9.2 – Intensidade do risco

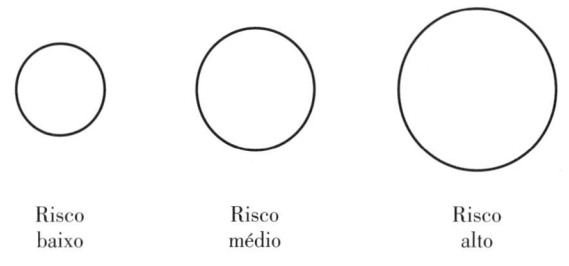

○　　　○　　　◯

Risco　　Risco　　Risco
baixo　　médio　　alto

A presença desse instrumento no ambiente proporciona a divulgação dos perigos identificados e a rápida assimilação dos riscos existentes. Ao final deste capítulo, mostramos um estudo de caso no qual foram definidos os tipos e a amplitude dos riscos existentes em um hospital.

Síntese

Neste capítulo, versamos sobre os pilares que sustentam a Segurança do Trabalho dentro das organizações – o papel desempenhado pelos profissionais da área de Segurança e Medicina do Trabalho, bem como pelos trabalhadores, inseridos no Sesmt e na Cipa.

No capítulo seguinte, versaremos sobre a Medicina do Trabalho e a Ergonomia, a fim de analisar como essas duas ciências estão presentes no cotidiano laboral.

Estudo de caso

Mapa de risco de um hospital

Consideremos o mapa de risco de um hospital para verificar a avaliação dos riscos realizada pelos trabalhadores do local. Na seção de urgência, estão inseridos os setores de higienização, posto de enfermagem, urgência, emergência e recepção, entre outros. Analisemos o setor de urgência. Para visualizar a figura correspondente ao mapa de riscos referido, consulte a Figura A da seção Anexo.

Os trabalhadores consideraram a presença de riscos químicos, biológicos, ergonômicos e de acidentes.

Os riscos biológicos, ergonômicos e de acidentes foram considerados de intensidade média, já o risco químico foi apreciado como de intensidade baixa.

É importante salientarmos o caráter subjetivo do mapa de risco. Neste exemplo, os trabalhadores consideraram de intensidade média o risco biológico por vírus e bactérias. Outros trabalhadores podem considerar essa exposição como de alta intensidade, por considerarem o risco patológico proveniente de vírus e/ou bactérias de elevada periculosidade para a saúde e a segurança de todos. O mesmo pode ocorrer com os outros riscos identificados, sendo possível considerá-los de menor ou maior periculosidade que o caracterizado.

Exercício resolvido

1) Verifique qual é a quantidade necessária de membros da Cipa de uma empresa com 250 funcionários e que atua no setor de transporte, segmento de carga e descarga. O número da CNAE é 52.12-5.

Resolução: Primeiramente, devemos verificar o número de funcionários. Nesse caso, são 250. O número do CNAE da empresa é 52.12-5 – caso este número não houvesse sido fornecido, precisaríamos do número do CNPJ para encontrá-lo no *site* da Receita Federal, conforme mostramos anteriormente. Em seguida, consultamos a NR 5 para verificar em qual grupo a empresa está inserida:

CNAE	Descrição	Grupo
52.12-5	*Carga e descarga*	**C-24**

Definido o grupo, consultamos a tabela de dimensionamento da Cipa, constante na NR 5 e verificamos a quantidade de cipeiros necessários na empresa:

		Número total de empregados											
		0-19	20-29	30-50	51-80	81-100	101-120	121-140	141-300	301-500	501-1.000	1.001-2.500	2.500-5.000	5.001-10.000	Acima de 10.000*
		Número de membros da Cipa													
Grupos** C-24	Efetivos	-	1	1	2	2	4	4	4	4	6	8	10	12	2
	Suplentes	-	1	1	2	2	3	3	4	4	5	7	8	10	2

Fonte: Adaptado de Brasil, 2011a.

* Os valores constantes nesta coluna referem-se ao número de membros que devem ser acrescentados para cada grupo de 2.500 empregados.
** Os grupos indicados correspondem às atividades econômicas integrantes da Classificação Nacional de Atividades Econômicas (CNAE) – C24 = transporte.

Portanto, a comissão deve ter quatro membros efetivos e quatro membros suplentes eleitos pelos trabalhadores. Conforme explicamos anteriormente, deve-se considerar o mesmo número de representantes indicados pela empresa. Assim, o número total de componentes da Cipa será 16.

É importante salientarmos que empresas com menos de 20 funcionários não precisam constituir o grupo da Cipa, como evidenciado na Tabela 9.2. Nesse caso, tais empresas devem definir um trabalhador (denominado *designado*), que assuma a responsabilidade pelo cumprimento dos assuntos pertinentes à Cipa.

Questões para revisão

1) Ao estruturar o Sesmt, uma empresa também deve saber que esse serviço:
   a. assume atividades de caráter essencialmente preventivo, sendo vedado aos profissionais o atendimento de emergência; quando necessário, devem ser acionados os serviços de emergência do município.
   b. é responsável por analisar e registrar todos os acidentes ocorridos na empresa, apenas quando houver vítimas fatais.
   c. deve manter entrosamento permanente com a Cipa, dela valendo-se como agente multiplicador, estudando suas observações e solicitações, e propondo soluções corretivas e preventivas.
   d. gera muitas despesas e não é importante.
   e. é útil apenas quando ocorre algum acidente de trabalho.

2) Na Cipa, os representantes dos empregados são eleitos por voto. Participam da eleição:
   a. empregados obrigatoriamente filiados ao sindicato da categoria que, se eleitos, têm mandato de 2 anos.
   b. empregados obrigatoriamente com filiação sindical que, se eleitos, têm mandato de 1 ano, permitida uma reeleição.
   c. exclusivamente os empregados interessados, independentemente de filiação sindical que, se eleitos, têm mandato de 2 anos, vedada a reeleição.
   d. exclusivamente os empregados interessados, independentemente de filiação sindical que, se eleitos, têm mandato de 1 ano, sendo permitida uma única reeleição.
   e. empregados obrigatoriamente com filiação sindical, que, se eleitos, têm mandato de 1 ano, vedada a reeleição.

3) Considere esta situação hipotética: uma empresa tem os seguintes trabalhadores na Cipa:
   Márcio: presidente
   Igor: vice-presidente
   Carol: representante da empresa
   Rodrigo: representante dos empregados
   Maria: suplente de Carol
   Bianca: suplente de Rodrigo
   Considerando esses nomes, têm garantia provisória de emprego:
   a. Igor e Márcio.
   b. Igor, Rodrigo e Bianca.
   c. Igor, Carol e Rodrigo.
   d. Márcio, Igor, Carol e Rodrigo.
   e. Todos os trabalhadores listados.

4) Assinale a alternativa correta:
   a. Se uma empresa tem mil funcionários, é necessário que pelo menos 500 deles votem para que a eleição da Cipa seja válida.
   b. Os enfermeiros do trabalho não fazem parte do Sesmt.
   c. Quando uma empresa não tem o número mínimo de funcionários para composição da Cipa, nenhum funcionário precisa receber o treinamento da comissão.
   d. Os empregados elegem anualmente o presidente da Cipa, e a empresa designa o seu vice-presidente.
   e. É atribuição dos cipeiros ministrar medicamentos e tratamentos aos pacientes internos.

5) Leia as afirmativas a seguir e classifique-as como verdadeiras (V) ou falsas (F):
   ( ) Atividades de inspeção de equipamentos de combate a incêndios, como extintores e hidrantes, estão entre as responsabilidades do Sesmt.
   ( ) A atuação do Sesmt em conjunto com a Cipa tem melhores resultados para a saúde e a segurança dos trabalhadores.
   ( ) O Sesmt é responsável pela elaboração do mapa de risco.
   ( ) Apenas os cargos administrativos podem se candidatar na eleição da Cipa.
   ( ) As reuniões da Cipa devem ocorrer mensalmente.
   A sequência correta de preenchimento de parênteses é:
   a. V, F, V, F, F.
   b. V, F, F, F, V.
   c. F, F, V, F, V.
   d. V, V, F, F, V.
   e. F, F, V, F, V.

6) O presidente e o vice-presidente da Cipa têm estabilidade?

7) Todas as empresas devem implementar uma Cipa em seu estabelecimento?

Questão para reflexão

Após o estudo deste capítulo, qual é a sua análise sobre a importância do Sesmt e da Cipa nas organizações?

Para saber mais

Para aprofundar seus conhecimentos sobre a Cipa, assista aos vídeos elaborados pelo Serviço Social da Indústria (Sesi), os quais disponibilizam conteúdos sobre organização, funcionamento, atribuições, processo eleitoral e treinamento da comissão. Confira em:
SESI – Serviço Social da Indústria. *Projeto Série 100% Seguro.*
   Cipa Parte 1. Disponível em: <https://www.youtube.com/watch?v=Qkc0yGlyxks>. Acesso em: 8 dez. 2016.
_____. *Projeto Série 100% Seguro.* Cipa Parte 2. Disponível em: <https://www.youtube.com/watch?v=P6ngT3I_IqM>. Acesso em: 8 dez. 2016.

X

Medicina do trabalho e ergonomia

Conteúdos do capítulo:

» Programa de Controle Médico de Saúde Ocupacional.
» Exames obrigatórios para o trabalhador.
» Noções sobre o atestado de saúde ocupacional (ASO).
» Ergonomia: definição, objetivos e benefícios.
» Análise ergonômica do trabalho.
» LER/Dort.

Após o estudo deste capítulo, você será capaz de:

1. Assimilar o papel da medicina do trabalho nas empresas.
2. Entender a necessidade dos exames médicos (admissional, periódico, retorno ao trabalho, mudança de função e demissional), bem como do atestado de saúde ocupacional (ASO).
3. Compreender a área de atuação da ergonomia e a sua importância.
4. Desenvolver um olhar crítico sobre as atividades desempenhadas pelos trabalhadores de qualquer área.
5. Verificar os principais riscos ergonômicos na atividade dos profissionais da segurança privada.

No capítulo anterior, referimos que o Sesmt e a Cipa visam, de modo geral, à proteção da segurança e da saúde dos trabalhadores. Neste capítulo, veremos quais são as principais atividades relacionadas à medicina do trabalho e à ergonomia, aplicadas para a constante melhoria das condições de saúde dos trabalhadores.

10.1 Medicina do trabalho

A medicina do trabalho é a especialidade médica que trata da saúde do trabalhador. O **médico do trabalho** é o responsável pela realização dos exames clínicos nos trabalhadores antes do início de suas atividades, quando do desligamento destes da empresa e em outras situações que mencionaremos adiante.

Para saber mais

Você sabia que a preocupação com a saúde dos trabalhadores teve início na Europa, no século XVII? No Brasil, tal temática passou a ser tratada apenas no século XX. Confira mais sobre a história da medicina do trabalho, bem como sobre o Programa de Controle Médico de Saúde Ocupacional – do qual trataremos adiante – em: PCMSO. 11 jul. 2013. Disponível em: <https://www.youtube.com/watch?v=63ta1lC-bdY>. Acesso em: 8 dez. 2016.

A Norma Regulamentar (NR) 7 estabelece a obrigatoriedade da elaboração e da implementação do Programa de Controle Médico de Saúde Ocupacional (PCMSO) em todas as empresas e instituições que admitem trabalhadores como empregados, com o objetivo de promover e preservar a saúde desses trabalhadores (Brasil, 2013).

As empresas são responsáveis por indicar um médico, que será responsável pela execução do Programa, desenvolvido anualmente. É obrigatória a emissão de um relatório anual contendo o número e a natureza dos exames médicos, avaliações clínicas, exames complementares, estatísticas de resultados considerados anormais e o planejamento para o ano seguinte.

> **Importante!** O PCMSO determina que todos os estabelecimentos tenham materiais necessários à prestação dos primeiros socorros, considerando-se as características da atividade da empresa. Os materiais devem estar situados em um local adequado, aos cuidados de uma pessoa treinada para esse fim.

Você sabe quais são as principais diretrizes do PCMSO? De acordo com a NR 07 e Camanho (2012), o PCMSO deve:

» apresentar caráter preventivo;
» estar articulado com os requisitos de saúde descritos nas outras NRs;
» ser estruturado e implantado com base nos riscos aos quais os trabalhadores estão expostos;
» orientar a empresa quanto à necessidade de adoção de medidas de proteção aos trabalhadores nos ambientes de trabalho;
» indicar o afastamento do trabalhador, em função do risco ou do trabalho, quando constatado agravamento ou ocorrência de doenças profissionais pelo médico do trabalho.

No PCMSO também são determinados os exames a que cada trabalhador deve se submeter a depender da atividade realizada.

10.1.1 Exames médicos

O PCMSO estabelece que devem ser realizados os seguintes exames médicos (Brasil, 2013):
» admissional;
» periódico;
» de retorno ao trabalho;
» de mudança de função;
» demissional.

O **exame admissional** sempre é realizado antes que o trabalhador inicie suas atividades na empresa. Com ele, o médico constata se o trabalhador está apto para exercer a função, e verifica se, no desempenho da atividade, o trabalhador pode vir a desenvolver ou agravar algum problema de saúde já existente. Por exemplo, caso o trabalhador tenha alguma doença ou problema pulmonar e trabalhe em um ambiente com muita poeira, seu estado de saúde pode ser agravado; ou, se ele for trabalhar como motorista, é necessário verificar as condições de sua visão.

O **exame periódico** deve ser realizado por causa dos riscos a que o trabalhador está exposto em sua atividade laboral. Em situações nas quais há a possibilidade de incidência ou agravamento de alguma doença ocupacional, ou se houver trabalhadores que tenham doenças crônicas, os exames devem ser repetidos anualmente. No caso de atividades sem risco explícito, esses exames devem ser realizados anualmente para aqueles com idade menor que 18 anos e maior que 45 anos) e a cada 2 anos para os trabalhadores que não tenham idade no intervalo citado.

O **exame de retorno ao trabalho** é obrigatório sempre no primeiro dia da volta ao trabalho, desde que o trabalhador esteja ausente por um período igual ou superior a 30 dias, por motivo de doenças ou acidente, em virtude do trabalho ou não, ou por motivo de parto.

O **exame de mudança de função** é necessário quando o trabalhador for exercer outra atividade na empresa, antes do início das atividades. Tal exame é obrigatório e muito importante, uma vez que, nele, será analisado se o trabalhador está apto a exercer a nova função, visto que ele estará exposto a outros riscos*.

Por fim, o **exame demissional** deve ser realizado até a data da homologação da dispensa do trabalhador. Caso os exames não apontem nenhuma irregularidade, o trabalhador pode ser desligado da empresa. Caso ocorra o contrário, ou seja, os exames acusem alterações na saúde do empregado relacionadas ao trabalho, ele não poderá ser desligado.

10.1.2 Atestado de saúde ocupacional (ASO)

Na realização de todos os exames referidos na seção anterior (admissional, periódico, de retorno ao trabalho, de mudança de função e demissional), o médico deve emitir o atestado de saúde ocupacional (ASO).

No ASO, devem constar (NR-7, Brasil, 2013):

> *[...]*
> b. *os riscos ocupacionais específicos existentes, ou a ausência deles, na atividade do empregado, conforme instruções técnicas expedidas pela Secretaria de Segurança e Saúde no Trabalho-SSST;*
> c. *indicação dos procedimentos médicos a que foi submetido o trabalhador, incluindo os exames complementares e a data em que foram realizados;*
> *[...]*

---

* Ao final do capítulo, demonstramos, na seção Perguntas & respostas, as consequências da não realização desse exame.

e. *definição de apto ou inapto para a função específica que o trabalhador vai exercer, exerce ou exerceu;*

[...]

g. *data e assinatura do médico encarregado do exame e carimbo contendo seu número de inscrição no Conselho Regional de Medicina.*

É importante salientarmos que o ASO é emitido em duas vias: uma para posse da empresa e a outra, obrigatoriamente, que deve ser entregue ao trabalhador. Portanto, ao realizar qualquer exame de trabalho, não se esqueça de, ao sair, levar consigo o ASO.

10.2 Ergonomia

A ergonomia é a ciência que estuda o ambiente de trabalho, enfatizando as relações entre os trabalhadores e os equipamentos, máquinas ou instrumentos utilizados por eles que podem ocasionar danos à sua saúde.

O objetivo da ergonomia é proporcionar segurança, conforto e satisfação aos trabalhadores, visto que a eficiência em suas atividades será o resultado desses fatores relacionados. De acordo com Carazzolle (2010), são benefícios da implementação de medidas ergonômicas:

- » **Aumento da produtividade** em virtude da melhor relação entre homem e meio/máquina, o que reduz a probabilidade de perdas.
- » **Redução de retrabalhos**, pois os trabalhadores conhecem adequadamente o seu ciclo e o correto desempenho de suas funções.

» **Melhoria na saúde do trabalhador,** em razão de adequações realizadas nos postos de trabalho ou nos processos produtivos que valorizam o seu bem-estar.
» **Redução do número de afastamentos.**
» **Redução do número de ações judiciais,** graças às melhores condições da saúde dos trabalhadores.
» **Menor rotatividade de trabalhadores,** pois estes desempenharão suas tarefas mais satisfeitos, em virtude das adequações realizadas para o melhor desenvolvimento de suas atividades.

Podemos perceber, assim, que a ergonomia é uma ciência de caráter multidisciplinar, visto que são grandes as interações existentes no desenvolvimento das atividades. Nessa ciência, são utilizadas diversas áreas de abordagem, como a psicologia, a segurança e a medicina do trabalho, a fisiologia e a sociologia, entre outras.

É importante destacarmos que **questões psicológicas** às quais os trabalhadores estão submetidos estão diretamente relacionadas à ergonomia. Tais fatores interferem diretamente no modo como o trabalho é desempenhado. Temas como estresse e pressão por resultados, por exemplo, são cada vez mais tratados, visto que são enormes os riscos à saúde e à segurança do trabalhador que apresentam esses quadros, como acidentes e doenças ocupacionais.

10.2.1 Análise ergonômica do trabalho

Para avaliar as condições de trabalho, no que diz respeito ao mobiliário, aos equipamentos, às condições ambientais e à organização, é necessário realizar uma análise ergonômica do trabalho (AET), conforme determina a NR 17 (Brasil, 1978b). Comentaremos alguns dos assuntos abordados em tal análise nas seções a seguir.

■ Mobiliários nos postos de trabalho

A NR 17 define que, quando o trabalho pode ser executado na posição sentada, o posto de trabalho deve ser planejado ou adaptado para essa posição (Brasil, 1978b).

As bancadas, mesas, escrivaninhas e similares devem proporcionar ao trabalhador condições de boa postura, visualização e operação, e devem atender a requisitos mínimos, como área de trabalho de fácil alcance e visualização pelo trabalhador, bem como características dimensionais que possibilitem o posicionamento e a movimentação adequados dos segmentos corporais.

Para os assentos (Figura 10.1), são estabelecidos os seguintes requisitos mínimos (Brasil, 1978b):

a. Altura ajustável à estatura do trabalhador e à natureza da função exercida.
b. Características de pouca ou nenhuma conformação na base do assento.
c. Borda frontal arredondada.
d. Encosto com forma levemente adaptada ao corpo para proteção da região lombar.

Figura 10.1 – Assento conforme a NR 17

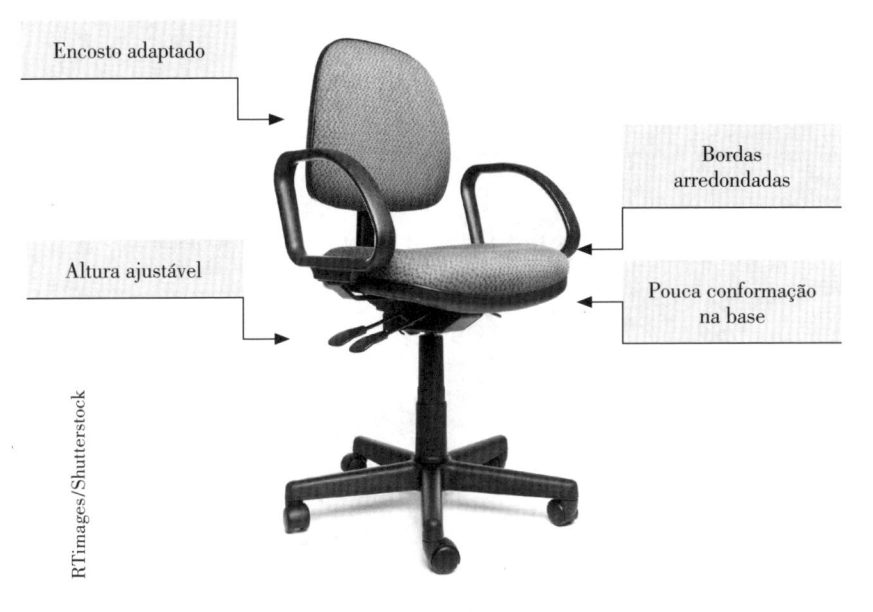

- Encosto adaptado
- Bordas arredondadas
- Altura ajustável
- Pouca conformação na base

RTimages/Shutterstock

Para as atividades em que o trabalho deve ser realizado na posição sentada, é ideal que haja um suporte para os pés que se adapte ao comprimento das pernas do trabalhador.

▪ Equipamentos dos postos de trabalho

Os equipamentos utilizados pelo trabalhador em sua rotina habitual também devem ser analisados.

Para aqueles que trabalham utilizando computadores, por exemplo, a tela deve apresentar ajuste variável, de forma a proporcionar uma melhor visibilidade ao trabalhador (Figura 10.2).

Figura 10.2 – Ajuste de tela

Ajuste da tela para melhor visibilidade do trabalhador

Kitch Bain/Shutterstock

O teclado do computador deve ser independente e ter mobilidade, permitindo ao trabalhador ajustá-lo de acordo com suas tarefas. Portanto, o uso de *notebooks* ou similares não é considerado adequado, visto que o sistema teclado – tela não é independente.

Os equipamentos citados devem ser posicionados em superfícies de trabalho com altura ajustável. Assim, o ideal é que se tenha uma mesa com ajuste de altura (Figura 10.3, tanto para o monitor (tela) quanto para o teclado).

Figura 10.3 – Mesa com altura ajustável

Regulagem de altura para monitor e teclado

ziviani/Shutterstock

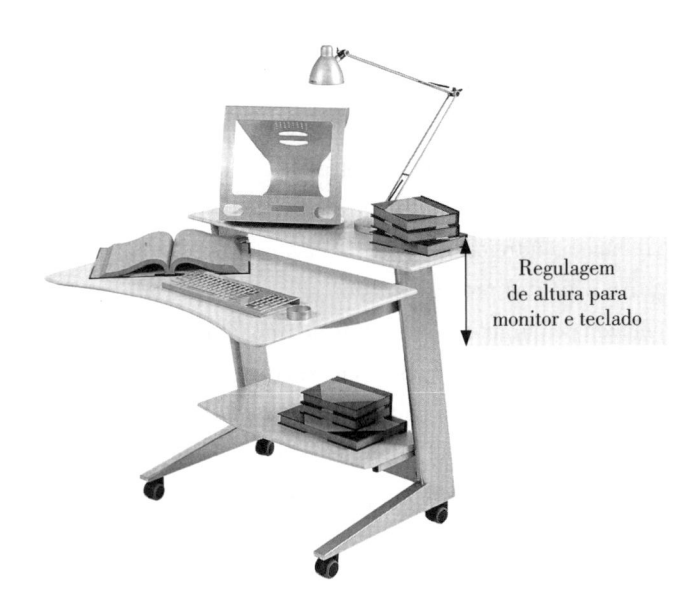

Ao final do capítulo, simulamos a realização de uma AET para o posto de trabalho de um profissional da segurança privada.

▪ Doenças decorrentes da ergonomia: LER e Dort

Neste tópico, tratamos sobre as **lesões por esforço repetitivo** (LER) e os **distúrbios osteomusculares relacionados ao trabalho** (Dort), que são doenças frequentes em diversas atividades laborais.

A LER e a Dort são doenças que podem atingir várias partes do corpo humano: ombros, pescoço, punhos, cotovelos, tornozelos, joelhos, coluna etc. Seus sintomas são dor, sensação de peso e fadiga, entre outros. Essa doença é resultado da combinação da sobrecarga muscular, ocasionada pelo trabalho, e da falta de tempo adequado para recuperação.

A sobrecarga muscular não é oriunda somente do esforço repetitivo ou da atividade contínua; a permanência do trabalhador em uma mesma posição, por um longo período de tempo, também pode causar danos à sua saúde.

Você sabe quais são as atividades profissionais suscetíveis ao surgimento da LER/Dort? Entre elas, estão: operador de *telemarketing*, caixa de banco, empacotador, costura, solda, marcenaria e vigilância, entre outros.

No caso dos profissionais da segurança privada que permanecem em pé durante toda a rotina de trabalho, a postura inadequada pode ocasionar lombalgias e, caso não sejam tratadas ou corrigidas, lesões na coluna. Para aqueles profissionais que trabalham constantemente sentados, a coluna vertebral também pode ser afetada – em virtude de má postura –, o que pode ocasionar sérios danos, como hérnias de disco.

Síntese

Neste capítulo, abordamos os seguintes temas:
» as rotinas básicas pertinentes à Medicina do Trabalho e à Ergonomia, existentes nas empresas;
» os exames obrigatórios aos quais todos os trabalhadores devem se submeter;
» o conceito e a área de atuação da ergonomia.

Ainda sobre a saúde do trabalhador, no próximo capítulo demonstraremos em que consiste o trabalho em condições insalubres e perigosas, assim como as noções sobre equipamentos de proteção individual (EPI), os quais são muito utilizados por todos os trabalhadores.

Estudo de caso

Levantamento ergonômico da atividade de profissional da vigilância privada em um edifício público

Neste estudo de caso, realizamos uma abordagem geral sobre as condições ergonômicas de um profissional da vigilância privada que trabalha em um edifício público. Utilizamos como base alguns dos itens relacionados à AET, descritos na NR 17 (Brasil, 1978b).

O trabalhador labora em uma guarita protegida contra a ação de intempéries. Seu posto de trabalho é constituído, basicamente, por uma cadeira, uma mesa, um monitor de câmera e um telefone. Realizaremos uma breve análise acerca do mobiliário local, da organização do trabalho e da saúde do trabalhador.

Descrição do mobiliário

A cadeira utilizada tem as características adequadas à função: altura ajustável, pouca ou nenhuma conformação na base do assento, borda frontal arredondada e encosto adaptado para proteção da região lombar.

A mesa tem área superficial com espaço adequado, sendo utilizada como suporte para o monitor das câmeras de segurança, telefone e computador. Não há cantos vivos ou quinas que possam causar acidentes. O local onde o trabalhador posiciona suas pernas não oferece conforto, visto que o computador é alocado no mesmo espaço, o que reduz a área útil para movimentação. Outra irregularidade detectada é a ausência de suporte para os pés.

Avaliação da organização do trabalho

No local, o trabalhador tem como responsabilidades realizar rondas e o monitoramento das câmeras de segurança. Não há um número determinado de rondas que o trabalhador deva obrigatoriamente realizar durante o turno.

O regime de trabalho é de 12 horas por 36 horas de descanso (12 × 36). Não há pausas durante as 12 horas de labor. Segundo o trabalhador, raramente são realizadas horas extras.

Saúde

Não tivemos acesso ao responsável médico pela empresa analisada. O que relataremos a seguir é relatado pelo trabalhador.

O vigilante não se queixou de dores musculares. Quando ele cansa de ficar sentado, realiza uma ronda ou pratica alongamento para relaxar. Na guarita, não há água potável. Quando ele necessita de água, vai até a cozinha, localizada a 30 metros do local, tendo de deixar a guarita desguarnecida.

Não há ar-condicionado na guarita. No entanto, são disponibilizados ventilador e aquecedor. No local, há um banheiro de uso exclusivo. A higiene é realizada pelas auxiliares de limpeza do edifício. O espaço físico é adequado.

O profissional também afirmou que sente muito sono e que não descansa satisfatoriamente durante o dia.

Palermo et al. (2015) demonstraram, por meio de pesquisas realizadas, que o sono do trabalhador noturno é de menor duração e apresenta, do ponto de vista qualitativo, menor recuperação do trabalhador.

No entanto, apesar dos aspectos negativos, o profissional da vigilância privada considera-se satisfeito com seu trabalho. E você? Qual é o seu ponto de vista sobre os problemas enfrentados pelo profissional neste caso?

Recomendações

Fazemos as seguintes recomendações ergonômicas para a melhoria do local:

» Compra de um filtro de água.
» Criação de um local para armazenar pertences pessoais.

- » Colocação de um suporte para os pés.
- » Realocação do processador do computador, alocado atualmente debaixo da mesa.
- » Instalação de aparelho de ar-condicionado.

Como neste estudo foram apenas *sugeridos* meios para a melhoria da ergonomia no local, não é possível afirmar se alguma medida foi implementada, bem como avaliar a eficiência de tal medida no ambiente de trabalho.

Perguntas & respostas

O que fazer para que os trabalhadores estejam menos expostos aos riscos de LER/Dort?
Resposta: Uma importante ferramenta que pode ser utilizada para a prevenção de doenças desse tipo é a **ginástica laboral**. Tal atividade proporciona melhorias à saúde do trabalhador, o que beneficia também a empresa. São alguns dos seus benefícios: prevenção de doenças como tendinites e lombalgias; redução do número de acidentes do trabalho; aumento da disposição dos trabalhadores; relaxamento muscular; e sensação de bem-estar.

Questões para revisão

1) Não é objetivo do PCMSO:
    a. Determinar quais são os exames adequados para cada função.
    b. Monitorar a saúde do trabalhador.

c. Atuar somente nos casos em que o trabalhador já sofreu algum acidente de trabalho.
d. Verificar se as condições de trabalho estão adequadas à saúde do trabalhador.
e. Auxiliar a Cipa na elaboração de palestras e campanhas que divulguem a importância da preservação da saúde no ambiente de trabalho.

2) A respeito da ergonomia, assinale a alternativa correta:
   a. A atividade do profissional da vigilância privada não tem nenhuma relação com os estudos realizados na ergonomia.
   b. Com relação aos assentos utilizados pelos trabalhadores, podem ser utilizados bancos sem encosto para as costas.
   c. O processo produtivo da empresa deve ser prioritário em relação à ergonomia, visto que o primordial é a obtenção de lucros.
   d. A adoção das ferramentas abordadas na ergonomia proporciona o aumento da produtividade da empresa e a redução do número de afastamentos de trabalhadores.
   e. Caso a cadeira utilizada pelo trabalhador cause dores ou incômodos, ele mesmo é quem deve providenciar a troca ou a compra de outra cadeira.

3) São exames médicos previstos no PCMSO, exceto:
   a. Demissional.
   b. Retorno ao trabalho.
   c. Admissional.
   d. Mudança de função.
   e. Postural.

4) São efeitos da LER/Dort:
   I. Redução da produtividade.
   II. Disposição para o trabalho.
   III. Depressão.

IV. Sensação de formigamento nos membros.
V. Dor constante.

São corretas apenas:
a. I, II e III.
b. I e IV.
c. I, III, IV e V.
d. I, II, III e IV.
e. I, IV e IV.

5) São consequências de medidas ergonômicas implementadas em um ambiente de trabalho, exceto:
a. Estresse.
b. Disposição.
c. Conforto.
d. Melhor desempenho.
e. Melhor postura corporal.

6) Uma empresa desloca um trabalhador para outra função e não realiza o exame de mudança de função. Quais são os riscos dessa ação?

7) Cite, no mínimo, três pontos favoráveis da aplicação da ergonomia em um ambiente de trabalho.

Questão para reflexão

Você se lembra de quais exames constantes no PCMSO (admissional, periódico, de retorno ao trabalho, de mudança de função e demissional) você já realizou ao longo da sua vida profissional? Eles foram aplicados conforme os requisitos que mostramos neste capítulo?

Para saber mais

Conheça as principais dificuldades relatadas pelos próprios profissionais da área de segurança, no que diz respeito a questões ergonômicas, em uma pesquisa realizada pela Pontifícia Universidade Católica de Minas Gerais (PUC Minas) e pela Universidade Federal de Minas Gerais (UFMG).

> JORNADA de trabalho de vigilantes afeta saúde física e mental. *Revista Proteção*. 14 out. 2010. Disponível em: <http://www.protecao.com.br/noticias/doencas_ocupacionais/jornada_de_trabalho_de_vigilantes_afeta_saude_fisica_e_mental/JyjjAcjb/1689>. Acesso em: 8 dez. 2016.

Conteúdos do capítulo:

» Definição de equipamento de proteção individual (EPI) e de certificado de aprovação (CA).
» Responsabilidades da empresa e do trabalhador.
» Ficha de controle e entrega de EPI.
» Definição de insalubridade.
» Agentes insalubres e graus de insalubridade.
» Medidas para eliminar ou neutralizar a insalubridade.
» Definição de periculosidade, atividades e operações perigosas.
» Exposição dos tipos de atividades e operações perigosas relacionadas às atividades dos profissionais de segurança pessoal ou patrimonial.

Após o estudo deste capítulo, você será capaz de:

1. Avaliar se um equipamento é ou não de proteção individual.
2. Pesquisar as informações sobre os EPIs no CA.
3. Verificar as obrigações da empresa e do trabalhador quanto aos EPIs.
4. Detectar os agentes insalubres, para fins de insalubridade, de acordo com a NR 15.
5. Perceber possíveis agentes insalubres no seu ambiente de trabalho.
6. Assimilar as atividades ou operações perigosas, de acordo com a NR 16.
7. Distinguir situações que apresentam grau de periculosidade.
8. Reconhecer as circunstâncias nas quais os profissionais de segurança pessoal ou patrimonial devem receber o adicional.

XI

Equipamento de proteção individual (EPI), insalubridade e periculosidade

Neste capítulo, analisaremos a finalidade do equipamento de proteção individual (EPI), bem como as devidas responsabilidades, tanto da empresa quanto dos empregados.

Também trataremos de assuntos relacionados à insalubridade e à periculosidade, os quais estão ligados a certos riscos que descrevemos brevemente nos capítulos anteriores.

11.1 Equipamentos de proteção individual (EPI)

Quando um trabalhador está exposto a riscos, durante a execução de suas atividades laborais, é dever do empregador fornecer a ele o que chamamos de *equipamentos de proteção* (EPI). Essa regra se aplica também ao profissional da vigilância privada.

Consideramos EPI todos os dispositivos ou produtos, de uso individual, utilizados pelo trabalhador, destinado à proteção de riscos suscetíveis de ameaçar a sua segurança e saúde no trabalho (Brasil, 2015b).

Conforme previsto no art. 166 da Consolidação das Leis do Trabalho (CLT – Brasil, 1943), todas as empresas são obrigadas a fornecer EPIs gratuitamente aos seus empregados, em perfeito estado de conservação e funcionamento, desde que as medidas de proteção de ordem geral não forneçam proteção adequada contra os riscos de acidentes e danos à saúde dos empregados.

Portanto, os EPIs devem ser utilizados quando não existem medidas de proteção coletiva.

São exemplos de EPIs, segundo a NR 6: luvas, capacetes, óculos, protetores auditivos, respiradores, vestimentas e calçados, entre outros (Brasil, 2015b). Vejamos a Figura 11.1 a seguir.

Figura 11.1 – Exemplos de EPIs

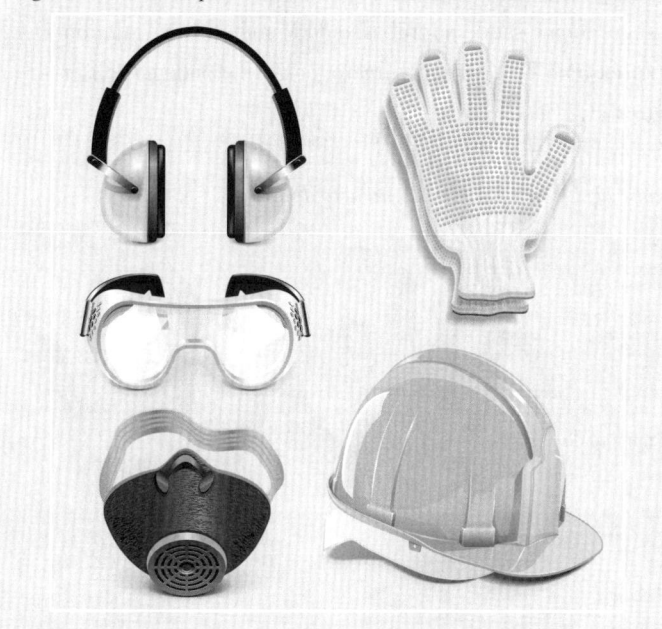

A empresa deve fornecer aos trabalhadores apenas os EPIs adequados à sua função. É obrigação do Sesmt, também ouvida pela Cipa, recomendar os EPIs que a empresa deve providenciar.

Quando a empresa não tiver Sesmt ou Cipa, é recomendado que a seleção dos EPIs adequados ao risco seja realizada mediante orientação de um profissional tecnicamente habilitado.

11.1.1 Certificado de aprovação

De acordo com a NR 6 (Brasil, 2015b), todos os EPIs, sejam de fabricação nacional ou importados, somente poderão ser colocados à venda ou utilizados se houver a indicação do **certificado de aprovação** (CA), expedido pelo órgão nacional competente em matéria de segurança e saúde no trabalho do Ministério do Trabalho. O CA é expresso no EPI por um número, conforme podemos observar na Figura 11.2, a seguir.

Figura 11.2 – EPI e respectivo número do CA

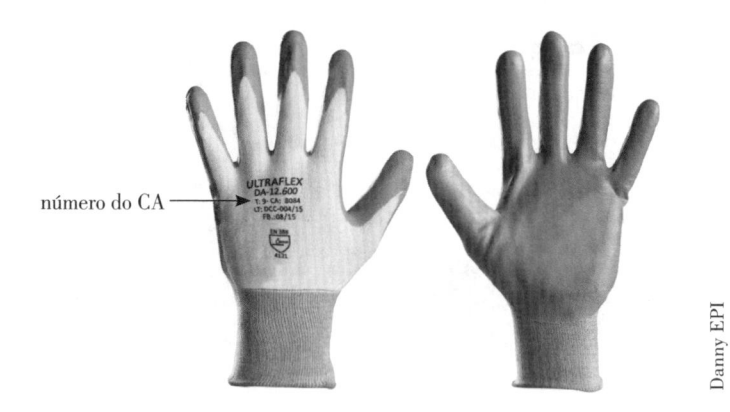

Você sabia que nem todos os equipamentos de segurança utilizados pelos trabalhadores são considerados EPIs? Somente são considerados EPIs aqueles equipamentos que têm número de CA.

Ao final deste capítulo, mostraremos na seção Perguntas & respostas quais são as informações disponibilizadas pelo número do CA.

11.1.2 Responsabilidades

Tanto a empresa quanto os trabalhadores têm responsabilidades com relação aos EPIs.

As empresas são obrigadas a (Brasil, 2015b):
» fornecer os EPIs adequados ao risco de cada atividade, e substituí-los caso sejam danificados;
» exigir o uso dos EPIs por parte do trabalhador;
» registrar o seu fornecimento ao trabalhador, entre outros.

Os trabalhadores têm as seguintes responsabilidades (Brasil, 2015b):
» sempre utilizar os EPIs no exercício de suas funções;
» guardá-los e conservá-los adequadamente;
» cumprir as determinações exigidas pela empresa.

Desse modo, é necessário que empresas e trabalhadores tenham consciência de suas obrigações com relação ao uso adequado dos EPIs, visto que tais medidas são essenciais para a prevenção de acidentes e para a preservação da saúde dos trabalhadores.

11.1.3 Ficha de registro para controle e entrega de EPI

Conforme mencionamos anteriormente, é responsabilidade da empresa o registro do fornecimento do EPI ao trabalhador, em livros, fichas ou sistema eletrônico (Brasil, 2015b).

É de fundamental importância que esse registro seja corretamente preenchido e armazenado, visto que ali haverá a comprovação do EPI fornecido, bem como a sua data de entrega, o número do respectivo CA e a assinatura do trabalhador. Trataremos desse assunto novamente na seção a seguir.

11.2 Atividades Insalubres

Já comentamos que o trabalhador em geral – inclusive o profissional da vigilância privada – que trabalha exposto a agentes insalubres tem direito a receber um adicional salarial correspondente a 10%, 20% ou 40%, dependendo do grau de risco ao qual está exposto em suas atividades. No entanto, cabe lançarmos o seguinte questionamento: O que é insalubridade? Como saber o grau de risco ao qual o profissional da vigilância privada está exposto? A seguir, responderemos a essas e a outras perguntas.

A palavra *insalubridade* refere-se à situação em que **o meio ambiente do trabalho é prejudicial à saúde do trabalhador**.

O art. 189 da CLT (Brasil, 1943) define que são consideradas **atividades ou operações insalubres** aquelas que, por sua natureza, condições ou métodos de trabalho, exponham os empregados a agentes nocivos à saúde, acima dos limites de tolerância fixados em razão da natureza e da intensidade do agente e do tempo de exposição aos seus efeitos.

A insalubridade pode prejudicar a saúde e a estética dos trabalhadores, em suas mais diversas atividades laborais. A figura abaixo demonstra um pouco dessa realidade.

Figura 11.3 – Trabalhador exposto a calor excessivo

A NR 15 (Brasil, 2014b) especifica quais são as **atividades ou operações insalubres**. Tais agentes insalubres são caracterizados por métodos quantitativos ou qualitativos: se **quantitativos**, há um valor, denominado *limite de tolerância*, que estabelece a concentração ou a intensidade máxima ou mínima, relacionada à natureza e ao tempo de exposição ao agente, que não causará danos à saúde do trabalhador, durante sua vida laboral; nos **métodos qualitativos**, não há um limite de tolerância, sendo a insalubridade caracterizada por uma avaliação qualitativa no local de trabalho.

Para uma melhor compreensão, apresentamos, na sequência, esses temas pormenorizadamente.

11.2.1 Graus de insalubridade

O trabalho em condições insalubres apresenta três diferentes níveis: **máximo, médio** e **mínimo**. Os níveis de insalubridade incidem sobre o salário mínimo da região: 40% (quarenta por cento) para o grau máximo, 20% para grau médio e 10% para grau mínimo (Brasil, 2014b).

Suponhamos que o empregado trabalha em um ambiente onde existem dois agentes insalubres, um de grau médio e outro de grau máximo. Nesse caso, ele receberá dois adicionais de insalubridade? O que você acha?

Isso não é possível. A NR 15 (Brasil, 2014b) determina que, no caso de incidência de mais de um fator de insalubridade, será considerado apenas o de grau mais elevado, para efeito de acréscimo salarial, sendo vedada a percepção cumulativa.

11.2.2 Agentes insalubres

A NR 15 (Brasil, 2014b) é dividida em 14 anexos – o Anexo 4, que trata da iluminação, foi revogado –, nos quais são consideradas atividades ou operações insalubres: ruído contínuo ou intermitente, ruído de impacto, calor, radiações ionizantes, condições hiperbáricas, radiações não ionizantes, vibração, frio, umidade, agentes químicos, poeiras minerais e agentes biológicos.

Na Tabela 11.1, a seguir, observa-se a relação de cada anexo da NR 15 com seu respectivo grau de insalubridade (percentual sobre o salário mínimo).

Tabela 11.1 – *Anexos, atividades insalubres e percentual sobre o salário mínimo, de acordo com a NR 15*

Anexo	Atividades ou operações que expõem o trabalhador	Percentual
1	Níveis de **ruído contínuo ou intermitente** superiores aos limites de tolerância fixados no Quadro constante do Anexo 1 e no item 6 do mesmo Anexo.	20%
2	Níveis de **ruído de impacto** superiores aos limites de tolerância fixados nos itens 2 e 3 do Anexo 2.	20%
3	Exposição ao **calor** com valores de índice de bulbo úmido termômetro de globo (IBUTG), superiores aos limites de tolerância fixados nos Quadros 1 e 2.	20%
4	Revogado pela Portaria MTE n. 3.751, de 23 de novembro de 1990	–
5	Níveis de **radiações ionizantes** com radioatividade superior aos limites de tolerância fixados neste Anexo.	40%
6	Ar comprimido (**pressão**).	40%
7	**Radiações não ionizantes** consideradas insalubres em decorrência de inspeção realizada no local de trabalho.	20%
8	**Vibrações** consideradas insalubres em decorrência de inspeção realizada no local de trabalho.	20%

(continua)

(Tabela 11.1 – conclusão)

9	**Frio** considerado insalubre em decorrência de inspeção realizada no local de trabalho.	20%
10	**Umidade** considerada insalubre em decorrência de inspeção realizada no local de trabalho.	20%
11	**Agentes químicos** cujas concentrações sejam superiores aos limites de tolerância fixados no Quadro 1.	10%, 20% e 40%
12	**Poeiras minerais** cujas concentrações sejam superiores aos limites de tolerância fixados neste Anexo.	40%
13	Atividades ou operações envolvendo **agentes químicos**, consideradas insalubres em decorrência de inspeção realizada no local de trabalho.	10%, 20% e 40%
14	Agentes biológicos	20% e 40%

Fonte: Brasil, 2014b, grifo nosso.

Ao término do capítulo, na seção Perguntas & respostas, articulamos questões ergonômicas com assuntos relacionados à insalubridade. Também mostramos um estudo de caso em que havia insalubridade por agentes biológicos na atividade de um profissional da vigilância privada que trabalhava em um hospital.

11.2.3 Como eliminar a insalubridade

Segundo a NR 15, a **eliminação** ou **neutralização** da insalubridade deve ocorrer:

> a. com a adoção de medidas de ordem geral que conservem o ambiente de trabalho dentro dos limites de tolerância;
> b. com a utilização de equipamento de proteção individual. (Brasil, 2014b)

Neste momento, é importante relembrarmos a relevância da ficha de controle e entrega de EPI. O fornecimento de EPI ao trabalhador deve ser registrado, conforme afirmamos anteriormente, para que haja prova documental de que o trabalhador realiza suas atividades em condições de insalubridade eliminadas ou neutralizadas.

Para avaliar se o ambiente ou atividade é ou não insalubre, o art. 195 da CLT (Brasil, 1943) determina que a caracterização e a classificação da insalubridade, segundo as normas do Ministério do Trabalho, deve ser identificada em **perícia** a cargo de **médico do trabalho** ou **engenheiro do trabalho**, registrados no referido ministério.

O perito vai até o local para avaliar se o ambiente ou atividade é insalubre e, ao final da perícia, emite seu laudo, no qual são descritas a técnica e a aparelhagem utilizadas, bem como sua conclusão, caracterizando ou não a atividade/operação como insalubre.

11.3 Atividades perigosas

Nesta obra, explicamos também que o trabalhador exposto a agentes perigosos, ou que realiza atividades consideradas perigosas, tem direito a um acréscimo salarial de 30% sobre o valor de seu salário, o que chamamos de adicional de insalubridade. Vejamos agora quais são as atividades consideradas perigosas, segundo a NR 16 (Brasil, 1978a).

O termo *periculosidade* está relacionado a **atividades e operações perigosas**, constantes na NR 16 (Brasil, 1978a), que dizem respeito a situações de exposição a: explosivos, inflamáveis, segurança pessoal ou patrimonial, energia elétrica, motocicletas e radioatividade.

O art. 193 da CLT (Brasil, 1943) considera atividades ou operações perigosas, na forma da regulamentação aprovada pelo Ministério do Trabalho, aquelas que, por sua natureza ou métodos de trabalho, impliquem risco acentuado em virtude de exposição permanente do trabalhador a:

» inflamáveis, explosivos ou energia elétrica;
» roubos ou outras espécies de violência física nas atividades profissionais de segurança pessoal ou patrimonial;
» atividades em motocicleta.

A Portaria n. 518, de 4 de abril de 2003 (Brasil, 2003b), também assegura aos funcionários expostos a radiações ionizantes ou substâncias radioativas o adicional de periculosidade de que trata o art. 193 da CLT.

É assegurado ao trabalhador que executa atividades e operações perigosas o adicional de 30%, incidente sobre o salário, sem os acréscimos resultantes de gratificações, prêmios ou participação nos lucros da empresa (Brasil, 1943). A caracterização ou descaracterização da periculosidade é considerada em laudo técnico, conforme afirmamos na seção sobre insalubridade.

Neste ponto, abordaremos as questões de periculosidade relacionadas às atividades de segurança pessoal ou patrimonial e ao uso de motocicleta, por acreditarmos que estas são as mais relacionadas com a atividade do profissional da vigilância privada.

11.3.1 Atividades profissionais de segurança pessoal ou patrimonial

O Anexo 3 da NR 16 (Brasil, 1978a) considera perigosas as **atividades e operações com exposição a roubos ou outras espécies de violência física** nas atividades profissionais de segurança pessoal ou patrimonial.

O item 2 do referido anexo considera *profissionais de segurança pessoal ou patrimonial* os:

> a. Empregados das empresas prestadoras de serviço nas atividades de segurança privada ou que integrem

serviço orgânico de segurança privada, devidamente registradas e autorizadas pelo Ministério da Justiça, conforme a Lei n. 7.102/1983 (Brasil, 1983b)* e suas alterações posteriores.

b. Empregados que exercem a atividade de segurança patrimonial ou pessoal em instalações metroviárias, ferroviárias, portuárias, rodoviárias, aeroportuárias e de bens públicos, contratados diretamente pela Administração Pública direta ou indireta. (Brasil, 1978a)

O item 3 do Anexo 3 da NR 16 estabelece ainda as atividades ou operações que expõem os empregados a roubos ou outras espécies de violência física, desde que atendida uma das condições do item 2, quais sejam:

» vigilância patrimonial;
» segurança de eventos;
» segurança nos transporte coletivos;
» segurança ambiental e florestal;
» transporte de valores;
» escolta armada;
» segurança pessoal;
» supervisão/fiscalização operacional;
» telemonitoramento/telecontrole.

Portanto, é devido o pagamento do adicional de periculosidade a todos os trabalhadores que desempenham suas atividades conforme essa lista.

---

* A Lei n. 7.102/1983 (Brasil, 1983b) dispõe sobre segurança para estabelecimentos financeiros, estabelece normas para constituição e funcionamento das empresas particulares que exploram serviços de vigilância e de transporte de valores, e dá outras providências.

11.3.2 Atividades que envolvem o uso de motocicletas

É sabido que quaisquer atividades realizadas com motocicletas apresentam muitos riscos, principalmente por não haver nenhuma proteção entre o corpo do piloto e outros objetos no caso de acidentes.

No entanto, para caracterização de atividade perigosa com motocicletas, são consideradas apenas aquelas em que o trabalhador utiliza motocicleta ou motoneta como meio de trabalho em vias públicas, como nas profissões de motoboy e vigilante tático.

A NR 16 considera ainda que, caso o trabalhador utilize a motocicleta de modo eventual ou habitual, em tempo extremamente reduzido, não é devido o pagamento do adicional (Brasil, 1978a).

No entanto, questionamos: Nos casos em que o profissional trabalha como profissional da vigilância privada em uma empresa que atua em grandes eventos e utiliza sua motocicleta para trabalhar, é devido o pagamento do adicional de periculosidade? O adicional é devido somente pelo fato de sua atividade ser de profissional da vigilância privada e estar enquadrada na NR 16. No caso da utilização da motocicleta, como o trabalhador não a utiliza para trabalhar em vias públicas, apenas para seu deslocamento, não é devido o pagamento do adicional.

Portanto, se o empregado utiliza sua motocicleta apenas como meio de deslocamento até seu local de trabalho, e não a utiliza no exercício do trabalho, essa situação não é considerada perigosa, segundo a NR 16 (Brasil, 1978a).

> **Importante!** Caso o trabalhador utilize motocicleta exclusivamente em local privado, não é devido o pagamento do adicional, visto que é imprescindível que o deslocamento ocorra em vias públicas.

Síntese

Neste capítulo, abordamos:
» as premissas básicas para que um equipamento de proteção seja considerado EPI, bem como as responsabilidades da empresa e dos trabalhadores por esses equipamentos.
» as atividades insalubres e perigosas, principalmente aquelas mais diretamente relacionadas ao trabalho do profissional da vigilância privada.

É de suma importância que você conheça os riscos existentes no seu ambiente de trabalho e, da mesma forma, os equipamentos necessários à sua segurança. Portanto, trabalhe sempre com atenção e valorize a sua saúde e a sua segurança!

Estudo de caso

Empresa de vigilância é condenada a pagar insalubridade a vigilante

A juíza [...] em atuação na 7ª Vara do Trabalho de Belo Horizonte deferiu adicional de insalubridade a um empregado que exercia as funções de vigilante em um dos maiores hospitais da Capital. A magistrada acompanhou o resultado da perícia que concluiu pela existência de insalubridade, em grau médio, em razão do contato com agentes biológicos.

Segundo esclareceu a magistrada, a médica perita constatou que o hospital tinha grande fluxo de pessoas, já que o atendimento era gratuito. Os pacientes misturam-se com o público em geral e o vigilante, embora tenha como função proteger o patrimônio, acaba exercendo a atividade de controlar quem entra na unidade hospitalar. Conforme ressaltou a juíza, o vigilante é a primeira pessoa a ter contato com o público, potencialmente portador de doenças, que chega ali, em busca de atendimento.

De acordo com a julgadora, a situação mais crítica foi percebida pela perita na portaria do pronto atendimento, em que os pacientes, enquanto aguardam atendimento, circulam livremente, pedindo informações ao vigilante. Além disso, o empregado, em claro desvio de função, auxiliava os pacientes em cadeira de rodas ou muletas, ou mesmo em situação de desfalecimento. "Devido ao grande volume de trabalho no hospital, pela característica de seu público, os enfermeiros terminam por estar sempre absorvidos pela demanda acima de suas possibilidades, no que acaba o vigilante atuando em suporte, para elidir a situação apresentada", destacou.

Assim, no entender da magistrada, a presença do empregado no interior do hospital, em permanente contato com pacientes portadores de microbactérias e doenças diversas, o expunha à condição de trabalho prevista na NR 15, anexo 14. Portanto, ele tem direito a receber adicional de insalubridade, no percentual de 20% sobre o salário mínimo, nos termos do artigo 192 da CLT, por todo o período não prescrito, com reflexos nas demais parcelas. A empresa não recorreu da decisão.

Fonte: Coad, 2012.

Para demonstrarmos em qual ponto da NR 15 ficou evidenciado que o vigilante desempenhava atividade insalubre, apresentamos o texto do anexo 14 em que foi embasada a concessão do adicional:

> *Insalubridade de grau médio*
> *Trabalhos e operações em contato permanente com pacientes, animais ou com material infecto-contagiante, em:*
> *» hospitais, serviços de emergência, enfermarias, ambulatórios, postos de vacinação e outros estabelecimentos destinados aos cuidados da saúde humana (aplica-se unicamente ao pessoal que tenha contato com os pacientes, bem como aos que manuseiam objetos de uso desses pacientes, não previamente esterilizados); [...]* (Brasil, 2014b)

Perguntas & respostas

O que fornece o número do CA?

Resposta: Para consultar as informações do CA, você deve acessar o endereço eletrônico da Receita Federal (http://caepi.mte.gov.br/internet/ConsultaCAInternet.aspx). Basta inserir o número do CA no campo correspondente. O número do CA fornece informações sobre validade, descrição do equipamento e dados do fabricante, entre outros.

Questões para revisão

1) A respeito dos EPIs, assinale a alternativa incorreta:
   a. O EPI protege somente o usuário.
   b. Não é necessário treinar os trabalhadores sobre o uso correto do EPI, visto que essa é uma tarefa simples.
   c. O EPI deve ser fornecido pela empresa.
   d. É dever do trabalhador responsabilizar-se pela guarda e pela conservação do EPI.
   e. A empresa é responsável pela higienização do EPI.

2) De acordo com a NR 15, são atividades e operações que expõem o trabalhador a condições insalubres, exceto:
   a. Frio e calor.
   b. Radiações não ionizantes e umidade.
   c. Exposição a explosivos e trabalho em altura.
   d. Ruído e vibração.
   e. Pressão e agentes biológicos.

3) São consideradas atividades perigosas relacionadas a motocicletas, de acordo com a NR 16:
   a. Mecânico de manutenção de motocicletas ou motonetas.
   b. Deslocamento com motocicletas ou motonetas dentro da própria empresa.
   c. Utilização de motocicleta no deslocamento do trabalhador em vias públicas.
   d. Funcionário de empresa que fabrica motocicletas ou motonetas na linha de produção.
   e. Artista de circo que utiliza motocicleta no globo da morte.

4) São atividades e operações perigosas, segundo a NR 16:
   I. Serra policorte.
   II. Eletricidade.
   III. Vigilante patrimonial.
   IV. Açougueiro.
   V. Costura.
   Estão corretas somente as alternativas:
   a. III e V.
   b. II, IV e V.
   c. I, II e III.
   d. II e III.
   e. I, II e IV.

5) Sobre as atividades perigosas, é correto afirmar:
   I. As atividades ou operações em condições perigosas dão direito a adicional de 20% sobre o salário-base.
   II. O laudo técnico comprobatório da existência ou não de atividade perigosa deve ser elaborado por engenheiro de segurança do trabalho ou médico do trabalho.
   III. As atividades ou operações em condições perigosas garantem adicional de 30% sobre o salário-base.

IV. As atividades ou operações em condições perigosas garantem adicional de 30% sobre o salário-mínimo regional.

V. As atividades ou operações em condições perigosas garantem adicional de 40% sobre o salário-base.

Estão corretas:

a. II e V.
b. I e IV.
c. II e III.
d. III e V.
e. I e V.

6) Um trabalhador que atua como profissional da vigilância privada apresenta constantes dores nas costas, nas articulações e outras complicações de saúde. Esse profissional deve receber o adicional de insalubridade?

7) É devido o pagamento de adicional de periculosidade a um trabalhador que realiza pinturas em edifícios, utilizando cadeira suspensa, em alturas superiores a 50 metros? Justifique sua resposta.

Questão para reflexão

Reveja o estudo de caso do profissional da vigilância privada que analisamos no Capítulo 10, referente à ergonomia. Será que é devido a ele o pagamento de adicional de periculosidade? Estabeleça relação entre a descrição do ambiente de trabalho desse empregado com a lista de atividades do item 3 do Anexo 3 da NR 16, que comentamos neste Capítulo 11.

Para saber mais

Confira vídeo ilustrativo sobre as atividades e operações perigosas contidas na NR 16. Acesse o link abaixo:

TRT Minas. *NR 16*: Atividades e operações perigosas. 5 dez. 2014. Disponível em: <https://www.youtube.com/watch?v=ixDQKSnMBNQ>. Acesso em: 9 dez. 2016.

Ao escrever esta obra, pretendemos esclarecer os principais assuntos inerentes ao contrato de trabalho, os quais são de suma importância para que a relação empregatícia seja justa, conforme os ditames legais.

Assim, esperamos que você, profissional da vigilância privada, seja capaz de diferenciar o contrato de trabalho de experiência, do contrato de trabalho temporário, bem como quando a sua contratação apresenta as vantagens e as desvantagens do contrato por prazo determinado e indeterminado. Lembramos que essa modalidade prima pela relação contratual mais vantajosa à parte hipossuficiente da relação empregatícia, ou seja, visa a proteger o empregado.

As jornadas de trabalho, como descrevemos ao longo desta obra, devem respeitar a duração prevista na Consolidação das leis do trabalho (CLT), tendo em vista que é vedada a jornada exaustiva, de modo a evitar prejuízos à vida pessoal do empregado.

Explicamos também que, em uma jornada de 7 dias de trabalho, o trabalhador tem direito a usufruir de 1 dia de folga, preferencialmente aos domingos. Caso não seja possível a concessão aos domingos, o trabalhador tem direito a compensar a referida folga em outro dia durante a semana. Essa folga deve ser gozada dentro da semana de 7 dias, ou seja, considerando-se 6 dias de trabalho para 1 de folga.

para concluir...

É de suma importância lembrarmos que o trabalhador que realiza jornada de trabalho diária superior a 6 horas tem direito a um descanso intervalar de, no mínimo, 1 e de, no máximo, 2 horas. Esse intervalo também é devido aos trabalhadores em regime de 12 x 36.

Comentamos os institutos do aviso prévio e da extinção do contrato de trabalho. Explicitamos que qualquer das partes tem o direito de solicitar a rescisão do contrato de trabalho, mediante o aviso-prévio, que via de regra é de 30 dias, ou conforme situações específicas.

Ainda afirmamos que há casos de relação contratual, em que é reconhecida a estabilidade provisória de determinados empregados, tais como: empregada que encontra-se em estado gravídico; empregado acidentado; empregado eleito membro da Comissão Interna de Prevenção de Acidentes (Cipa) e representante sindical. Esses trabalhadores não podem ser dispensados sem justo motivo, sob pena de serem reintegrados ou indenizados pelo empregador.

Nos capítulos destinados à medicina e à segurança do trabalho, abordamos o tema da ergonomia e as normas básicas de saúde ocupacional sobre os equipamentos de proteção individual (EPIs) e a importância do seu uso, e também a identificação e a diferenciação de trabalhos em meios insalubres e perigosos. Esses conteúdos são necessários para garantir a maior higidez física e mental do trabalhador.

Reforçamos que, na relação empregatícia, devem ser observados os preceitos da Segurança e da Medicina do Trabalho, tais como a instauração da Comissão Interna de Prevenção de Acidentes (Cipa) e a entrega obrigatória dos EPIs, os quais têm como finalidade amenizar e/ou reduzir os riscos durante o labor.

Procuramos demonstrar a finalidade do Serviço Especializado em Engenharia de Segurança e Medicina do Trabalho (SESMT) e da medicina do trabalho nas organizações, para que você tenha ciência da existência desses serviços e, acima de tudo, saiba no que esse grupo de profissionais pode auxiliá-lo no que concerne à segurança e à saúde do trabalho, visto que esses são direitos de todos os trabalhadores.

Também discutimos a respeito da Cipa, abrangendo os cargos e atribuições de seus membros, assim como seu funcionamento, eleição, treinamento e responsabilidades. Você pôde perceber que a Cipa é a sua voz dentro da empresa em que trabalha no que tange à segurança e à saúde do trabalho, pois é ela que vai reivindicar seus direitos, caso seja necessário. Outro fator importante que analisamos foram os mapas de risco, que são uma ferramenta essencial no entendimento dos riscos no seu ambiente de trabalho.

Acerca da Ergonomia, versamos sobre seus objetivos e sua aplicabilidade, incluindo a análise ergonômica do trabalho. Você também conheceu brevemente as lesões por esforço repetitivo (LER) e os distúrbios osteomusculares relacionados ao trabalho (Dort) e, desse modo, pôde avaliar a importância e a necessidade do desenvolvimento de atividades ergonomicamente corretas.

Sobre questões que ocasionam agravos à saúde e à segurança do trabalhador, mencionamos a insalubridade (agentes insalubres, graus de insalubridade, medidas para sua eliminação e/ou neutralização) e a periculosidade (atividades perigosas e, principalmente, a relação de atividades dos profissionais de segurança pessoal ou patrimonial que justificam o recebimento do adicional).

Por fim, a respeito dos EPIs, você conheceu as condições básicas para que um equipamento seja assim classificado. Também referimos as responsabilidades dos empregados, bem como as da empresa, em relação a tais equipamentos.

Dessa forma, após a leitura desta obra, esperamos que você, profissional da vigilância privada, tenha assimilado os conteúdos que analisamos, visto que é de suma importância que o trabalhador obtenha conhecimentos sobre as diversas formas de contratação, jornadas de trabalho, acréscimos salariais, segurança e medicina do trabalho, Cipa e equipamentos de proteção.

Vivemos em uma sociedade em que o conhecimento é algo extremamente valioso. Portanto, agregar ensinamentos é essencial para o desenvolvimento de todos. Desejamos sucesso a você e a todos os profissionais da segurança privada, e que os aprendizados adquiridos com a leitura desta obra sejam úteis a todos!

BARROS, A. M. de. *Curso de Direito do Trabalho*. 6. ed. São Paulo: LTr, 2010.

BRASIL. Constituição (1988). *Diário Oficial da União*, Poder Legislativo, Brasília, 5 out. 1988. Disponível em: <http://www.planalto.gov.br/ccivil_03/Constituicao/Constituicao.htm>. Acesso em: 17 out. 2016.

_____. Decreto n. 73.841, de 13 de março de 1974. *Diário Oficial da União*, Poder Executivo, Brasília, DF, 13 mar. 1974a. Disponível em: <http://www.planalto.gov.br/ccivil_03/decreto/Antigos/D73841.htm>. Acesso em: 30 nov. 2016.

_____. Decreto n. 89.056, de 24 de novembro de 1983. *Diário Oficial da União*, Poder Executivo, Brasília, 25 nov. 1983a. Disponível em: <http://www.planalto.gov.br/ccivil_03/decreto/Antigos/D89056.htm>. Acesso em: 30 nov. 2016.

_____. Decreto-Lei n. 5.452, de 1º de maio de 1943. *Diário Oficial da União*, Poder Executivo, Rio de Janeiro, RJ, 9 ago. 1943. Disponível em: <http://www.planalto.gov.br/ccivil_03/decreto-lei/Del5452.htm>. Acesso em: 7 dez. 2016.

_____. Lei n. 6.019, de 3 de janeiro de 1974. *Diário Oficial da União*, Poder Legislativo, Brasília, DF, 4 jan. 1974b. Disponível em: <http://www.planalto.gov.br/ccivil_03/leis/L6019.htm>. Acesso em: 7 dez. 2016.

BRASIL. Lei n. 6.514, de 22 de dezembro de 1977. *Diário Oficial União*, Poder Legislativo, Brasília, DF, 23 dez. 1977. Disponível em: <http://www.planalto.gov.br/ccivil_03/leis/l6514.htm>. Acesso em: 8 dez. 2016.

_____. Lei n. 7.102, de 20 de junho de 1983. *Diário Oficial da União*, Poder Legislativo, Brasília, 21 jun. 1983b. Disponível em: <http://www.planalto.gov.br/ccivil_03/leis/L7102.htm>. Acesso em: 1º dez. 2016.

_____. Lei n. 7.418, de 16 de dezembro de 1985. *Diário Oficial da União*, Poder Legislativo, Brasília, 17 dez. 1985. Disponível em: <http://www.planalto.gov.br/ccivil_03/leis/L7418.htm>. Acesso em: 5 dez. 2016.

_____. Lei n. 8.213, de 24 de julho de 1991. *Diário Oficial da União*, Poder Legislativo, Brasília, DF, 25 jul. 1991. Disponível em: <http://www.planalto.gov.br/ccivil_03/leis/L8213cons.htm>. Acesso em: 6 dez. 2016.

_____. Lei n. 10.243, de 19 de junho de 2001. *Diário Oficial da União*, Poder Legislativo, Brasília, DF, 20 jun. 2001. Disponível em: <http://www.planalto.gov.br/ccivil_03/leis/LEIS_2001/L10243.htm>. Acesso em: 7 dez. 2016.

_____. Lei n. 10.820, de 17 de dezembro de 2003. *Diário Oficial da União*, Poder Legislativo, Brasília, DF, 18 dez. 2003b. Disponível em: <http://www.planalto.gov.br/ccivil_03/leis/2003/L10.820.htm>. Acesso em: 5 dez. 2016.

_____. Lei n. 13.146, de 6 de julho de 2015. *Diário Oficial da União*, Poder Legislativo, Brasília, DF, 7 jul. 2015a. Disponível em: <http://www.planalto.gov.br/ccivil_03/_ato2015-2018/2015/Lei/L13146.htm>. Acesso em: 7 dez. 2016. Disponível em: <http://trabalho.gov.br/images/Documentos/SST/NR/NR4.pdf>. Acesso em: 8 dez. 2016.

_____. Lei Complementar n. 150, de 1º de junho de 2015. *Diário Oficial da União*, Poder Legislativo, Brasília, DF, 2 jun. 2015b. Disponível em: <http://www.planalto.gov.br/ccivil_03/Leis/LCP/Lcp150.htm#art46>. Acesso em: 8 dez. 2016.

BRASIL. Ministério da Justiça. Departamento de Polícia Federal. Portaria n. 387, de 28 de agosto de 2006. *Diário Oficial da União*,

Poder Executivo, Brasília, DF, 1º set. 2006. Disponível em: <https://www.legisweb.com.br/legislacao/?id=197411>. Acesso em: 1º dez. 2016.

BRASIL. Ministério do Trabalho. *Normas Regulamentadoras*. Disponível em: <http://trabalho.gov.br/seguranca-e-saude-no-trabalho/normatizacao/normas-regulamentadoras>. Acesso em: 17 dez. 2016a.

_____.*NR 4*: Serviços Especializados em Engenharia de Segurança e em Medicina do Trabalho. Brasília, 2014a. Disponível em: <http://trabalho.gov.br/images/Documentos/SST/NR/NR4.pdf>. Acesso em: 8 dez. 2016.

_____.*NR 5*: Comissão Interna de Prevenção de Acidentes – Cipa. Brasília, 2011a. Disponível em: <http://trabalho.gov.br/images/Documentos/SST/NR/NR5.pdf>. Acesso em: 8 dez. 2016.

_____.*NR 6*: equipamento de proteção individual – EPI. Brasília, 2015b. Disponível em: <http://trabalho.gov.br/images/Documentos/SST/NR/NR6.pdf>. Acesso em: 8 dez. 2016.

_____.*NR 7*: Programa de Controle Médico de Saúde Ocupacional. Brasília, 2013. Disponível em: <http://trabalho.gov.br/images/Documentos/SST/NR/NR7.pdf>. Acesso em: 9 dez. 2016.

_____.*NR 15*: atividades e operações insalubres. Brasília, 2014b. Disponível em: <http://trabalho.gov.br/images/Documentos/SST/NR/NR15/NR15-ANEXO15.pdf>. Acesso em: 9 dez. 2016.

_____.*NR 16*: atividades e operações perigosas. Brasília, 1978a. Disponível em: <http://trabalho.gov.br/images/Documentos/SST/NR/NR16.pdf>. Acesso em: 9 dez. 2016.

_____.*NR 17*: Ergonomia. Brasília, 1978b. Disponível em: <http://trabalho.gov.br/images/Documentos/SST/NR/NR17.pdf >. Acesso em: 9 dez. 2016.

_____.Portaria n. 518, de 4 de abril de 2003. *Diário Oficial da União*, Poder Executivo, Brasília, DF, 7 abr. 2003c.

BRASIL. Ministério do Trabalho e Emprego. Secretaria de Inspeção do Trabalho. Portaria n. 3.214, de 8 de junho de 1978. *Diário Oficial da União*, Poder Executivo, Brasília, DF, 6 jul. 1978c. Disponível em: <http://www.camara.gov.br/sileg/integras/839945.pdf>. Acesso em 8 dez. 2016.

BRASIL. TRT-PR – Tribunal Regional do Trabalho da 9ª
Região. 05741-2004-001-09-00-6-ACO-27874-2005. 2ª Turma.
Relator: Luiz Eduardo Gunther. *Diário Eletrônico da Justiça do
Trabalho*, Brasília, DF, 28 out. 2005a.

_____. 05983-2009-020-09-00-2-ACO-07881-2015. Seção
Especializada. Relator: Cássio Colombo Filho. *Diário Eletrônico da
Justiça do Trabalho*, Brasília, DF, 7 abr. 2015c.

_____. 06632-2010-652-09-00-6-ACO-34259-2011. 4ª Turma. Relator:
Sueli Gil El-Rafihi. *Diário Eletrônico da Justiça do Trabalho*,
Brasília, DF, 26 ago. 2011b.

_____. 23036-2014-008-09-00-7-ACO-12634-2016. 6ª Turma. Relator:
Francisco Roberto Ermel. *Diário Eletrônico da Justiça do Trabalho*,
Brasília, DF, 15 abr. 2016b.

_____. Processo n. RTOrd 02456-2012-019-09-00-1. 2ª Vara de
Trabalho de Londrina – PR. *Sentença*, 11 out. 2012a. Disponível em:
<http://www.trt9.jus.br/internet_base/publicacaoman.do?evento=
Editar&chPlc=5143633&procR=AAAXsxABYAAKC6KAAP&
ctl=2456>. Acesso em: 18 out. 2016.

BRASIL. Tribunal Superior do Trabalho. *Orientação Jurisprudencial
n. 307*, da 1ª Turma da Seção de Dissídios Individuais do
Tribunal Superior do Trabalho, de 27 set. 2012b. Disponível
em: <http://www3.tst.jus.br/jurisprudencia/OJ_SDI_1/n_s1_301.
htm#TEMA307>. Acesso em: 7 dez. 2016.

_____. *Orientação Jurisprudencial n. 355*, da 1ª Turma da Seção de
Dissídios Individuais do Tribunal Superior do Trabalho, de
14 mar. 2008a. Disponível em: <http://www3.tst.jus.br/
jurisprudencia/OJ_SDI_1/n_s1_341.htm#TEMA355>.
Acesso em: 9 dez. 2016.

_____. *Orientação Jurisprudencial n. 360*, da 1ª Turma da Seção de
Dissídios Individuais do Tribunal Superior do Trabalho, de
14 mar. 2008b. Disponível em: <http://www3.tst.jus.br/
jurisprudencia/OJ_SDI_1/n_s1_341.htm#TEMA360>.
Acesso em: 9 dez. 2016.

_____. *Súmula n. 85*, de 3 jun. 2016c. Disponível em: <http://www3.tst.
jus.br/jurisprudencia/Sumulas_com_indice/Sumulas_Ind_51_100.
html#SUM-85>. Acesso em: 7 dez. 2016.

BRASIL. Tribunal Superior do Trabalho. *Súmula n. 90*, de 25 abr. 2005b. Disponível em: <http://www3.tst.jus.br/jurisprudencia/Sumulas_com_indice/Sumulas_Ind_51_100.html#SUM-90>. Acesso em: 9 dez. 2016.

_____. *Súmula n. 118*, de 21 nov. 2003c. Disponível em: <http://www3.tst.jus.br/jurisprudencia/Sumulas_com_indice/Sumulas_Ind_101_150.html#SUM-118>. Acesso em: 9 dez. 2016.

_____. *Súmula n. 146*, de 21 nov. 2003e. Disponível em: <http://www3.tst.jus.br/jurisprudencia/Sumulas_com_indice/Sumulas_Ind_101_150.html#SUM-146>. Acesso em: 9 dez. 2016.

_____. *Súmula n. 244*, de 27 set. 2012d. Disponível em: <http://www3.tst.jus.br/jurisprudencia/Sumulas_com_indice/Sumulas_Ind_201_250.html#SUM-244>. Acesso em: 9 dez. 2016.

_____. *Súmula n. 331*, de 31 maio 2011c. Disponível em: <http://www3.tst.jus.br/jurisprudencia/Sumulas_com_indice/Sumulas_Ind_301_350.html#SUM-331>. Acesso em: 9 dez. 2016.

_____. *Súmula n. 361*, de 21 nov. 2003d. Disponível em: <http://www3.tst.jus.br/jurisprudencia/Sumulas_com_indice/Sumulas_Ind_351_400.html#SUM-361>. Acesso em: 9 dez. 2016.

_____. *Súmula n. 364*, de 3 jun. 2016d. Disponível em: <http://www3.tst.jus.br/jurisprudencia/Sumulas_com_indice/Sumulas_Ind_351_400.html#SUM-364>. Acesso em: 9 dez. 2016.

_____. *Súmula n. 366*, de 18 maio 2015d. Disponível em: <http://www3.tst.jus.br/jurisprudencia/Sumulas_com_indice/Sumulas_Ind_351_400.html#SUM-366>. Acesso em: 9 dez. 2016.

_____. *Súmula n. 444*, de 26 nov. 2012e. Disponível em: <http://www3.tst.jus.br/jurisprudencia/Sumulas_com_indice/Sumulas_Ind_401_450.html#SUM-444>. Acesso em: 24 out. 2016.

CAMANHO, E. D. L. *Aplicabilidade do PPRA*: análise crítica dos riscos ocupacionais na saúde bucal do trabalhador. 159 f. Tese (Doutorado em Ciências Odontológicas) – Universidade de São Paulo, São Paulo, 2012.

CARAZZOLLE, E. E. A importância da qualidade de vida no trabalho. *Webartigos*, 24 nov. 2010. Disponível em: <http://www.webartigos.com/artigos/a-importancia-da-qualidade-de-vida-no-trabalho/52938/>. Acesso em: 18 out. 2016.

COAD. *Empresa de vigilância é condenada a pagar insalubridade a vigilante*. 2012. Disponível em: <http://coad.jusbrasil.com.br/noticias/100035973/empresa-de-vigilancia-e-condenada-a-pagar-insalubridade-a-vigilante>. Acesso em: 9 dez. 2016.

DELGADO, M. G. *Curso de Direito do Trabalho*. 9. ed. São Paulo: LTr, 2010.

GUNTHER, L. E. *A fome e o nome*. 2010. Disponível em: <http://poesiasdoleg.blogspot.com.br/2010/12/fome-e-o-nome.html>. Acesso em: 2 nov. 2016.

JORGE NETO, F. F.; CAVALCANTE, J. de Q. P. *Direito do Trabalho*. 5. ed. Rio de Janeiro: Lumen Juris, 2010.

MARQUES, F.; ABUD, C. J. *Direito do Trabalho*. 7. ed. São Paulo: Atlas, 2011.

MARTINS, S. P. *Direito do Trabalho*. 26. ed. São Paulo. Atlas, 2010. 31. ed. São Paulo: Atlas, 2015.

MEDEIROS, L. M. de et al. Avaliação da presença de sintomas de LER/Dort em funcionários do sistema elétrico. *Principia*, João Pessoa, n. 19, p. 8-14, dez. 2011.

MICHEL, O. *Saúde do trabalhador*: cenário e perspectivas numa conjuntura privatista. São Paulo: LTr, 2009.

NASCIMENTO, A. M. *Curso de direito do trabalho*. 25. ed. São Paulo: Saraiva, 2010.

PALERMO, T. A. de C. et al. Cochilo durante o plantão noturno e a recuperação após o trabalho entre enfermeiros de hospitais. *Revista Latino-americana de Enfermagem*, n. 23, p. 114-121, jan./fev. 2015. Disponível em: <http://www.scielo.br/pdf/rlae/v23n1/pt_0104-1169-rlae-23-01-00114.pdf>. Acesso em: 9 dez. 2016.

RODRIGUES, F. R. *Treinamento em saúde e segurança do trabalho*. São Paulo: LTr, 2009.

Tabela de intensidade de riscos		
●	●	●
Pequeno	Médio	Grande

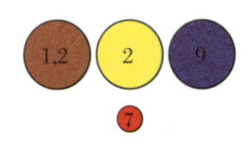

Classificação dos grupos de risco

Grupo I	Grupo II	Grupo III	Grupo IV	Grupo V
Riscos físicos	Riscos químicos	Riscos biológicos	Riscos ergonômicos	Riscos de acidentes
1 – Ruídos 2 – Vibrações 3 – Radiações ionizantes 4 – Radiações não-ionizantes 5 – Frio 6 – Calor 7 – Pressões anormais 8 - Umidade	1 – Poeiras 2 – Fumos 3 – Névoas 4 – Neblinas 5 – Gases 6 – Vapores 7 – Substâncias compostas ou produtos químicos em geral	1 – Vírus 2 – Bactérias 3 – Protozoários 4 – Fungos 5 – Parasitas 6 – Bacilos	1 – Esforço físico intenso 2 – Levantamento e transporte manual de peso 3 – Exigência de postura inadequada 4 – Controle rígido de produtividade 5 – Imposição de ritmos excessivos 6 – Trabalho em turno e returno 7 – Jornadas de trabalho prolongada 8 – Monotonia e repetitividade 9 – Outras situações causadoras de stress físico e/ou psicológico	1 – Arranjo físico inadequado 2 – Máquinas e equipamentos sem proteção 3 – Ferramentas inadequadas ou defeituosas 4 – Iluminação inadequada 5 – Eletricidade 6 – Probabilidade de incêndio ou explosão 7 – Armazenamento inadequado 8 – Animais peçonhentos 9 – Outras situações de risco que podem contribuir para a ocorrência de acidentes

Riscos químicos	Riscos biológicos	Riscos ergonômicos	Riscos de acidentes
7 – Substâncias compostas ou produtos químicos em geral	1 – Vírus 2 – Bactérias	2 – Levantamento e transporte manual de peso	9 – Outras situações de risco que podem contribuir para a ocorrência de acidentes

anexo

Mapa de risco – Urgência

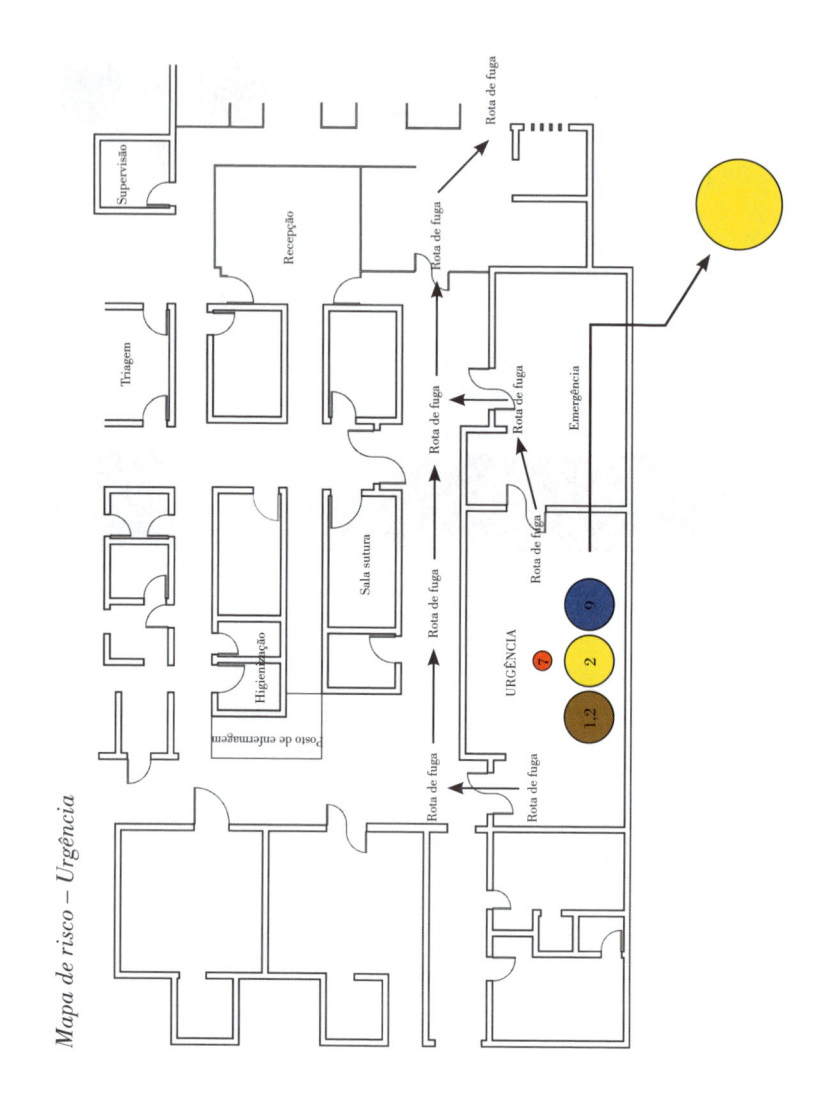

Capítulo 1

1. b
2. c
3. c
4. a
5. e
6. Não, o contrato de trabalho pode ser de livre negociação entre o empregado e o empregador, mas devem ser observadas as normas que protegem o empregado, como, por exemplo, a proibição de revista íntima e a alteração da atividade laboral.
7. São obrigações do empregado a realização de seu trabalho com assiduidade, diligência e fidelidade. Ao empregador cabe, além do pagamento do salário, o fornecimento de um meio ambiente do trabalho saudável, respeitando as normas de proteção ao trabalhador, bem como aquelas inerentes à saúde e à segurança ocupacional.

Capítulo 2

1. d
2. b
3. c
4. d
5. Empregado é toda pessoa física que presta serviços a uma empresa ou a um terceiro, desde que de forma habitual, com onerosidade e subordinação.
6. Empregador, nos termos do art. 2º da CLT, é toda pessoa física ou jurídica que emprega, assalaria e dirige a prestação pessoal de serviços.

Capítulo 3
1. d
2. c
3. c
4. a
5. b
6. Não. Devemos observar que o contrato de trabalho temporário é uma espécie de trabalho por prazo determinado, ou seja, ocorre em situações de substituição de trabalhadores ou acúmulo extraordinário de serviços.

Capítulo 4
1. c
2. d
3. b
4. c
5. b
6. A contribuição sindical é obrigatória a todos os empregados, independentemente de sindicalização. Ela corresponde ao desconto anual no valor de um dia de trabalho do empregado. Ocorre no mês de março, e este valor é repassado ao sindicato dos trabalhadores da categoria profissional que represente o empregado.

7. Sim. Nos termos do art. 458 da CLT, considera-se *salário*, além da remuneração, a alimentação paga ou fornecida habitualmente ao empregado. Caso o empregador esteja inscrito no Programa de Alimentação do Trabalho (PAT), essa verba não é considerada como salário.

Capítulo 5
1. b
2. a
3. c
4. d
6. Errado. A empregada, após retornar às suas atividades laborais, tem direito a 2 descansos de 30 minutos cada, para amamentação, conforme disposto no art. 396 da CLT.
7. O empregado portador de deficiência pode ser dispensado sem justa causa, mas, antes de efetuar a dispensa, o empregador deve contratar outro portador de deficiência para substituir o primeiro. Caso não o faça, o empregado tem direito à reintegração ao posto laboral.

Capítulo 6

1. d
2. c
3. b
4. c
5. d
6. Não. Ao empregado contratado para laborar em período parcial, ou seja, 25 horas semanais, é proibido o labor extraordinário.
7. Nos termos do art. 62 da CLT, incisos I e II, não estão sujeitos ao controle de jornada os trabalhadores que realizam jornada externa incompatível com esse controle e aqueles trabalhadores que exercem cargo de gestão, como gerentes, diretores e chefes de departamento ou filial.

Capítulo 7

1. c
2. b
3. d
4. e
5. d
6. Sim. Caso o contrato de trabalho por prazo determinado seja encerrado imotivadamente, antes do prazo final acordado entre as partes, é devido o aviso prévio, tanto pelo empregado quanto pelo empregador.
7. Não. A redução da jornada de trabalho ao longo do cumprimento do aviso prévio tem como finalidade disponibilizar tempo ao empregado para que este busque sua recolocação no mercado de trabalho. Uma vez que o aviso prévio é dado pelo empregado, presume-se que já está recolocado no mercado, não sendo devida, pois, a concessão da redução da jornada.

Capítulo 8

1. c
2. e
3. d
4. c
5. b
6. Sim. O empregado que sofreu acidente de trabalho e que precisa se afastar de suas atividades laborais por mais de 15 dias, tem estabilidade provisória por 12 meses após a cessação do auxílio-doença acidentária.
7. Considerando-se que ao empregador é vedada a dispensa sem justa causa de empregado estável,

este, se demitido ao longo do período estabilitário, tem direito à reintegração ao emprego e recebimento dos salários não pagos; ou, se inviável a sua reintegração, ele tem direito a uma indenização substitutiva correspondente ao valor do salário que deveria ser pago ao longo de todo o período de estabilidade.

Capítulo 9

1. c
2. d
3. b
4. a
5. d
6. De acordo com o art. 10, inciso II, alínea *a*, da CF de 1988 (Brasil, 1988), até que seja promulgada a lei complementar a que se refere o art. 7º, inciso I, da própria CF, é vedada a dispensa arbitrária ou sem justa causa do empregado eleito para cargo de direção de Cipas, desde o registro de sua candidatura até um ano após o final de seu mandato. Assim, apenas o vice-presidente tem estabilidade garantida, pois, como vimos no capítulo, ele é um dos membros da Cipa que foi eleito por voto. Como o presidente é escolhido pela empresa, ele não tem estabilidade.
7. Não. A implementação da Cipa é exigida apenas daquelas empresas que têm mais de 20 empregados. Quando a empresa tem menos de 20 empregados, deve ter apenas um trabalhador designado.

Capítulo 10

1. c
2. d
3. e
4. c
5. a
6. O exame de mudança de função avalia se o trabalhador está apto para exercer a nova função. Caso o exame não seja realizado, o trabalhador pode estar exposto a riscos que potencialmente o prejudicarão ou agravarão seu estado de saúde. Assim, é possível que ele desenvolva alguma doença ou distúrbio em virtude dessa nova atividade; além das situações já citadas, a empresa pode vir a enfrentar um processo trabalhista, caso

o trabalhador mova ação na Justiça do Trabalho.

7. Melhoria na saúde do trabalhador; redução do número de afastamentos por doença e acidentes de trabalho; e aumento da produtividade.

Capítulo 11

1. b
2. c
3. c
4. d
5. c
6. É notório que a atividade de vigilância privada ocasiona desgaste corporal no trabalhador e, portanto, causa danos à sua saúde. No entanto, para efeito de recebimento do adicional de insalubridade, é necessário que a atividade ou operação conste em algum dos 14 anexos da NR 15 (Brasil, 2014b); caso contrário, não é devido o pagamento. Nesse caso, se considerarmos que o problema ocorre em virtude de má postura, repetições ou alguma outra questão relacionada exclusivamente a questões ergonômicas, o adicional não é merecido.

7. Não. Apesar de ser uma atividade de alto risco, atividades que envolvem trabalho em altura não estão elencadas nos anexos da NR 16 (Brasil, 1978a); portanto, a atividade não é perigosa e, assim, não é devido o pagamento do adicional.

Jonas Raul Balbinoti é mestrando em Ciência e Tecnologia Ambiental pela Universidade Tecnológica Federal do Paraná (UTFPR, 2016). Pós-graduado em Engenharia de Segurança do Trabalho pela Pontifícia Universidade Católica do Paraná (PUCPR, 2014). Graduado em Engenharia Ambiental pela UTFPR (2012). Faz consultoria de meio ambiente, segurança do trabalho e perícias de insalubridade e periculosidade.

Milena Zwicker é especialista em Direito e Processo do PUCPR (2013). É graduada em Direito pela Universidade Tuiuti do Paraná (2010) e advogada inscrita na OAB/PR sob o n. 62.139.

Robert Carlon de Carvalho é mestre em Direito Empresarial e Cidadania pelo Centro Universitário Curitiba (UniCuritiba, 2015), especialista em Direito e Processo do Trabalho pela PUCPR (2010) e graduado em Direito pela Universidade Tuiuti do Paraná (2004). É professor de Direito Material do Trabalho e Direito Processual do Trabalho em programas de graduação e de pós-graduação. É integrante dos grupos de pesquisa Cidadania Empresarial no Século XXI, e Responsabilidade Civil Ambiental sob a Perspectiva Civil-constitucional, também é membro do grupo de pesquisa Tutela dos Direitos da Personalidade no UniCuritiba. É membro da Associação dos Advogados Trabalhistas do Estado do Paraná, do Conselho Nacional de Pesquisa e Pós-graduação em Direito (Conpedi) e da Federação de Pós-graduandos em Direito (Fepodi). É membro da comissão de Direito do Trabalho da Ordem dos Advogados do Brasil Seção do Estado do Paraná (OAB/PR). É advogado, inscrito na OAB/PR sob o n. 39.223, e autor de livros e artigos científicos.

Os papéis utilizados neste livro, certificados por instituições ambientais competentes, são recicláveis, provenientes de fontes renováveis e, portanto, um meio responsável e natural de informação e conhecimento.

FSC
www.fsc.org
MISTO
Papel produzido a partir de fontes responsáveis
FSC® C074432

Impressão: Maxi Gráfica
Novembro / 2018